O MUNDO NA COZINHA

DE GORDON RAMSAY

UMA VIAGEM GASTRONÔMICA PELAS MAIS SABOROSAS RECEITAS DE DEZ REGIÕES DO PLANETA

Ediouro

PRATOS CRIADOS POR

GORDON RAMSAY

E MARK SARGEANT

TRADUÇÃO DE

MÁRIO LEITE FERNANDES

FOTOGRAFIAS POR

CHRIS TERRY

notas

Todas as quantidades citadas nas receitas se referem a colheres rasas, a não ser quando especificado o contrário.

1 colher (chá) = 5 ml; 1 colher (sopa) = 15 ml

As ervas e pimentas são frescas, a não ser quando especificado o contrário.

Recomendo o uso de ovos caipiras. Mulheres grávidas e grupos de risco específicos devem evitar as receitas que tenham claras de ovos cruas ou ovos malpassados.

Se empregar cascas de frutas cítricas, tente usá-las sem tratamento de cera.

Os tempos de cozimento apresentados são apenas uma orientação, com indicações de mudanças de cor ou textura quando apropriadas. Preaqueça o forno e use um termômetro de cozinha para verificar se as temperaturas estão corretas.

INTRODUÇÃO 6

FRANÇA 8

ITÁLIA 32

ORIENTE MÉDIO 132

CHINA 154

TAILÂNDIA 180

GRÉCIA 58

ESPANHA 82

GRÃ-BRETANHA 106

ÍNDIA 204

ESTADOS UNIDOS 226

ÍNDICE 252

Introdução

As refeições se tornaram mais inovadoras e estimulantes nos últimos dez anos. Especialmente em Londres, mas também no resto da Grã-Bretanha, está difícil fazer o pedido quando entramos em restaurantes que oferecem interessantes pratos de todas as partes do globo. Dos exóticos curries tailandeses aos pratos clássicos da cozinha francesa, é provável encontrarmos diversos restaurantes de diferentes estilos na maior parte das cidades do país.

Compromissos de trabalho me levaram nos últimos anos a muitos lugares distantes. Mas sempre que volto para casa fico invariavelmente impressionado pela qualidade dos pratos servidos em meus restaurantes favoritos, perto de onde eu moro. Gosto bastante de um bom curry nas noites de sexta-feira. Está certo, o local onde como esse curry tem uma estrela do guia Michelin, por seus méritos, mas acho que a comida pode ter qualidade equivalente à de alguns pratos que provei numa recente viagem à Índia.

Se é verdade que ainda existem restaurantes servindo comida de qualidade inferior, a atual crise do crédito forçou os restaurantes a reavaliar seus negócios e a oferecer mais a seus clientes. Isso não significa só servir pratos realmente bons a preços razoáveis, mas também oferecer um bom ambiente, serviço amistoso e atraente e muita limpeza em tudo. É uma questão de bom senso, mas que vinha escapando à atenção de muitos responsáveis por restaurantes até então.

Outro "efeito colateral" positivo da crise econômica é que cada vez mais gente resolve distrair-se em casa. Espero que, como consequência, nós – o país – cozinhemos mais. E que nossos paladares se adaptem e evoluam, junto com nosso repertório de pratos. A grande variedade de ingredientes exóticos que agora podem ser encontrados na maioria dos supermercados tornou mais fácil e confortável preparar uma infinidade de receitas, de um ossobuco italiano a um charutinho de folha de uva do Oriente Médio. Se não encontrar um ingrediente nas grandes redes varejistas, pode ser obrigado a ir a uma loja especializada, mas considere essas saídas mais uma porta para descobertas do que um desconforto. A melhor maneira de conhecer ingredientes incomuns é preparar uma receita com eles.

Para este livro, selecionei minhas receitas favoritas de dez cozinhas muito diversas, incluindo as melhores da Europa e as da China, Tailândia e outros lugares distantes. Cada cozinha está ligada a uma cultura baseada em tradições e costumes locais. Por isso, minha humilde seleção de receitas é apenas uma maneira de provar e testar até onde vai seu apetite. As receitas representam a maneira como interpreto esses pratos, muitas vezes com alguma inovação destinada a torná-los mais acessíveis e mais fáceis de serem preparados em casa. Espero que este livro o inspire a sair de sua zona de conforto e a preparar uma coisa nova a cada semana. Bom apetite...

FRANÇA

MINHAS RECEITAS MUDARAM E AGORA TÊM UM TOM MAIS ECLÉTICO, MAS MEU CORAÇÃO AINDA É DA FRANÇA. PASSEI OS ANOS DE MINHA FORMAÇÃO APRENDENDO COM OS IRMÃOS ROUX. UMA ESTADA DE TRÊS ANOS EM PARIS ME ENSINOU MUITO SOBRE A COZINHA FRANCESA. SEMPRE QUE VOLTO, VISITO OS MERCADOS – OS SURPREENDENTES INGREDIENTES NUNCA DEIXAM DE ME INSPIRAR, E FICO FERVILHANDO DE IDEIAS AO VOLTAR PARA CASA. AQUI ESTÃO ALGUNS PRATOS FANTÁSTICOS E, NATURALMENTE, TAMBÉM OS VINHOS! COM O PASSAR DOS ANOS, APRENDEMOS MUITO SOBRE A COZINHA FRANCESA E NÃO DEVEMOS ESQUECER ISSO. SIM, AS COISAS MUDARAM DRAMATICAMENTE, MAS, SEM AUGUSTE ESCOFFIER OU FERNAND POINT, ONDE ESTARÍAMOS?

Brandade sobre torradas de alho

ESTA É MINHA VERSÃO DA CLÁSSICA BRANDADE. No lugar do bacalhau salgado, que exige muito tempo para dessalgar, refogo delicadamente bacalhau fresco em azeite de oliva para chegar a um resultado macio e suculento. Para uma deliciosa entrada, sirva a brandade e as torradas de alho com uma salada mista pouco temperada e um vinho branco seco e ácido, gelado.

RENDIMENTO: 6-8 PORÇÕES

Brandade:

300 g de filés de bacalhau, sem a pele
150 ml de azeite de oliva
1/2 colher (chá) de sal grosso
2 raminhos de tomilho
350 g de batatas (tipo asterix)
150 ml de creme de leite, bem grosso
150 ml de leite integral
2 dentes de alho, sem a casca, fatiados
sal e pimenta-do-reino
as folhas picadas de 2 raminhos de manjericão

Torradas de alho:

4-6 baguetes pequenas ou 1-2 grandes
1 dente de alho grande, sem a casca, partido ao meio
azeite de oliva extravirgem

Examine o peixe para ver se ainda tem espinhas. Tire as que encontrar. Ponha o bacalhau, o azeite de oliva, o sal e um raminho de tomilho em uma panela pequena. Ponha a panela sobre o fogo mais baixo que houver e deixe refogar suavemente por 8-10 minutos, até o peixe começar a se separar em lascas com facilidade. Deixe esfriar e escorra, reservando o azeite. Divida o peixe em lascas grandes.

Descasque e corte as batatas em cubos de 2 cm. Ponha-as em uma panela com o creme, o leite, o alho, o outro ramo de tomilho e um pouco de sal e pimenta-do-reino. Cozinhe por 10-12 minutos, até as batatas ficarem macias. Escorra e descarte o tomilho. Amasse ligeiramente. Misture com as lascas de peixe, junte um pouco do azeite reservado e tempere com sal e pimenta a gosto. Depois que esfriar, acrescente o manjericão picado. A brandade fica melhor servida na temperatura ambiente.

Um pouquinho antes de servir, aqueça a grelha à temperatura alta. Corte o pão em fatias na diagonal (ou, se preferir, corte as baguetes pequenas pela metade, no sentido do comprimento). Ponha em uma assadeira. Coloque na grelha (se usar as metades de baguete, com a parte redonda para cima) e deixe cerca de 1 minuto, até ficarem levemente douradas. Esfregue os lados que não forem torrados com o alho. Regue com azeite de oliva extravirgem e deixe na grelha até ficarem crocantes e douradas. Mantenha sob vigilância, pois queimam com muita facilidade.

Ponha a brandade às colheradas em pratos pequenos para servir e polvilhe um pouco de pimenta-do-reino. Coloque as torradas na mesa, para que cada um se sirva. Ou, se preferir, ponha a brandade sobre as torradas.

Mexilhões à marinière

MEXILHÕES CULTIVADOS são encontrados com uma facilidade cada vez maior. Isso faz com que este delicioso prato possa ser preparado em qualquer época do ano. Serve tanto para dias quentes como frios. Sirva em pratos fundos, de sopa, com batatas fritas feitas em casa, se gostar, além de maionese e bastante pão crocante, para apanhar o caldo do fundo do prato.

RENDIMENTO: 4 PORÇÕES

1 kg de mexilhões vivos
1 cebola, sem a casca, bem picada
1 echalota,* sem a casca, bem picada
1 dente de alho, descascado, bem picado
1 folha de louro
3 ramos de tomilho
1 punhado de salsa com as folhas separadas e picadas
200 ml de vinho branco seco
pimenta-do-reino

Lave muito bem os mexilhões em água corrente, raspando-os com uma faca. Examine um a um e descarte os que estiverem abertos, com as cascas rachadas ou os que se abrirem e não fecharem após uma leve batida. Lave mais uma vez e reserve.

Coloque a cebola, a echalota, o alho, o louro, o tomilho, os cabinhos da salsa e o vinho em uma panela grande. Deixe ferver, acrescente os mexilhões e tampe muito bem. Balance a panela uma ou duas vezes e deixe no fogo por 3-4 minutos, até os mexilhões se abrirem. Descarte os que continuarem fechados. Tempere com uma boa quantidade de pimenta-do-reino. Os mexilhões já são salgados, então provavelmente não será necessário usar sal.

Distribua os mexilhões e o caldo por pratos fundos e polvilhe com a salsa picada. Sirva imediatamente, lembrando de colocar pratinhos para recolher as cascas.

* Se não encontrar, use uma cebola roxa pequena

Vieiras fritas

Doces e suculentas, as vieiras frescas devem ser tratadas com respeito, a fim de conservar todo o seu sabor. Se forem cozidas demais, se tornam horrivelmente duras e borrachudas. Uso aqui uma técnica simples para garantir que cozinhem rapidamente e por igual.

Corte as vieiras pela metade, no sentido horizontal. Aqueça um fiozinho de azeite de oliva em uma frigideira de fundo pesado, até ficar bem quente. Tempere as vieiras com sal e pimenta-do-reino e coloque-as na frigideira, formando um círculo, como um relógio. Frite por 1 minuto, até ficarem douradas nas bordas. Vire-as, seguindo a ordem pela qual você as colocou na frigideira. Deixe fritar do outro lado, por não mais que 1 minuto. As vieiras devem passar uma sensação acetinada quando levemente pressionadas. Espalhe um pouco de suco de limão por cima e sirva imediatamente.

Vieiras fritas **com vinagrete de alho-poró**

ALHOS-PORÓS BEM TENROS E VIEIRAS FRESQUÍSSIMAS têm uma suavidade natural e combinam perfeitamente. Um molho vinagrete estimulante, com um tom de mostarda, constitui um contraste bem-vindo a essa combinação.

RENDIMENTO: 4 PORÇÕES

12 vieiras grandes, limpas
2 colheres (sopa) de azeite de oliva
sal e pimenta-do-reino
suco de limão

Vinagrete de alho-poró:
8 alhos-porós médios, só a parte branca com as pontas aparadas
125 ml de azeite de oliva extravirgem
1 colher (sopa) de mostarda de Dijon
1 colher (sopa) de vinagre de maçã ou de vinho branco
1 pitada de açúcar (opcional)

Para decorar:
folhas de salsa

Deixe as vieiras limpas reservadas, em temperatura ambiente, enquanto prepara o vinagrete.

Corte as partes brancas dos alhos-porós em fatias finas; lave cuidadosamente, escorra e enxugue. Aqueça duas colheres (sopa) de azeite de oliva extravirgem em uma panela larga sobre fogo médio. Ponha os alhos-porós e um pouco de sal e pimenta-do-reino. Deixe no fogo, mexendo de vez em quando, por 6-8 minutos, até ficarem macios, mas sem tomar cor.

Ponha o restante do azeite de oliva extravirgem, a mostarda, o vinagre e uma pitada de sal e outra de pimenta em uma vasilha com tampa de rosca. Feche e sacuda bem. Prove e ajuste o tempero, acrescentando uma pitada de açúcar se achar necessário.

Quando os alhos-porós estiverem macios, junte algumas colheres do vinagrete à panela e mexa até os pedaços de alho-poró ficarem bem cobertos.

Aqueça o azeite de oliva em uma frigideira larga e prepare as vieiras, seguindo a receita das páginas anteriores.

Distribua o vinagrete de alho-poró às colheradas por pratos aquecidos. Arrume as vieiras por cima e pingue um pouco mais de vinagrete pelas bordas dos pratos (pode guardar o que sobrar na geladeira para usar em saladas). Enfeite as vieiras com folhas de salsa e sirva imediatamente.

Atum à provençal

ADORO OS SABORES DA PROVENÇA, especialmente o uso abundante de verduras e ervas frescas em muitos pratos clássicos. Esta saudável receita de atum assado com verduras do Mediterrâneo é saudável e saborosa, mas é necessário usar atum muito fresco, especialmente se você – como eu – preferir esse peixe mais para o malpassado.

RENDIMENTO: 4 PORÇÕES

- 4 postas de atum fresco, pescado com anzol, com cerca de 180 g e 2 cm de espessura cada uma
- 2-3 colheres (sopa) de azeite de oliva, e mais um pouco para regar
- 1 cebola roxa, descascada e picada
- 4 dentes de alho, sem as cascas, bem picados
- 1 pimentão amarelo, sem o centro e as sementes, picado
- 1 pimentão vermelho, sem o centro e as sementes, picado
- sal e pimenta-do-reino
- 2 abobrinhas médias, com as pontas aparadas, picadas
- 400 g de tomates para molho, sem as sementes, picados
- 1 ramo de tomilho
- 1 ramo de alecrim
- 50 g de azeitonas pretas sem caroço
- 1 limão em fatias finas
- 1 punhado de folhas de manjericão picadas (opcional)

Preaqueça o forno a 200 graus. Limpe as postas de atum, se for necessário, e reserve.

Aqueça o azeite de oliva em uma panela de boca larga. Junte a cebola, o alho e os pimentões, um pouco de sal e pimenta-do-reino e refogue em fogo médio por 5-6 minutos, até começarem a ficar macios, mas sem tomar cor. Junte as abobrinhas, misture bem e deixe no fogo por mais 2-3 minutos. Acrescente os tomates, o tomilho, o alecrim e as azeitonas. Misture bem, deixe ferver e mantenha no fogo por mais alguns minutos. Passe tudo para uma travessa refratária larga.

Esfregue as postas de atum por igual com uma mistura de sal, pimenta-do-reino e um fio de azeite de oliva. Espalhe as postas de atum sobre a mistura de tomate, intercalando com fatias de limão. Espalhe uma pitada generosa de pimenta-do-reino e leve ao forno. Deixe de 8-10 minutos para o atum ficar no ponto – o peixe deve mostrar-se ligeiramente elástico ao ser tocado. Se quiser mais bem passado, deixe no forno por mais 5-10 minutos, até que as postas comecem a ficar firmes.

Espalhe manjericão picado sobre a travessa, se quiser, e sirva imediatamente. Fica delicioso servido com pão caseiro simples ou batatas sautée.

Confit de coxa de pato com batatas sautée

ESTA RECEITA TRADICIONAL VEM DO PÉRIGORD, uma região famosa pelos seus patos e pelo foie gras de seus gansos. Lá, o confit de pato, suculento e macio, é normalmente servido com salada e batatas, ambas refogadas na mesma saborosa gordura na qual o pato foi preparado, ou em um gratinado. É um prato delicioso, para ceder à tentação de comer algo mais forte de vez em quando.

RENDIMENTO: 4 PORÇÕES

Confit de coxa de pato:

4 coxas de pato
sal grosso
1 punhado de ramos de tomilho
3 dentes de alho, sem a pele, fatiados
2 folhas de louro
2 latas de 350 g de gordura de pato ou ganso

Batatas sautée:

500 g de batatas (tipo asterix) boas para cozinhar, descascadas e cortadas ao meio
folhas muito bem picadas de 1 ramo de alecrim
sal e pimenta-do-reino

Salpique integralmente as coxas de pato com o sal grosso e deixe repousar em temperatura ambiente durante uma hora.

Preaqueça o forno a 140 graus. Lave o pato para tirar o excesso de sal e enxugue com papel toalha. Ponha as coxas em uma travessa na qual caibam confortavelmente e adicione tomilho, alho e louro. Derreta a gordura de pato numa frigideira, em fogo baixo. Quando estiver translúcida, derrame cuidadosamente sobre as coxas, até cobri-las completamente.

Cubra a travessa com papel-alumínio e coloque-a cuidadosamente no forno. Deixe assar devagar, por cerca de 2 horas, até a carne ficar bem macia, verificando sempre se o pato continua coberto pela gordura. O pato estará pronto quando a carne se soltar com facilidade dos ossos. Tire do forno.

Aumente a temperatura do forno para 200 graus. Erga cuidadosamente as coxas da gordura e coloque-as, com a pele para baixo, em uma assadeira. Reserve a gordura. Deixe as coxas de frango tostarem no forno quente por 15-20 minutos, virando na metade desse tempo. A pele vai ficar deliciosamente crocante, e a carne continuará macia.

Enquanto isso, escalde as batatas em uma panela com água fervente e sal. Deixe por 4-5 minutos, até ficarem meio cozidas. Passe por um escorredor para tirar a água e deixe secar por alguns minutos; isso vai contribuir para que fiquem mais crocantes. Coloque uma frigideira antiaderente em fogo médio-alto e espalhe uma camada fina da gordura do pato. Quando estiver quente, ponha as batatas e o alecrim e tempere bem com sal e pimenta-do-reino. Deixe fritar até a parte de baixo ficar castanho-dourada, vire e deixe mais alguns minutos, até as batatas ficarem com uma cor bonita, crocantes por fora e fofinhas por dentro.

Sirva o pato com as batatas e, se quiser, com mostarda de boa qualidade e vagem.

Galinha-d'angola assada **na cidra** com **maçãs caramelizadas**

A REGIÃO DA NORMANDIA TEM PRODUTOS EXTRAORDINÁRIOS, como seus maravilhosos cremes, manteigas, maçãs e calvados – todos eles ingredientes do clássico *poulet à la normande*. Para mudar um pouco, troquei o frango pela galinha--d'angola, que acho mais saborosa e combina melhor com o molho rico e cremoso.

RENDIMENTO: 4 PORÇÕES

- 2 galinhas-d'angola, de cerca de 800 g cada uma, cortadas pelas juntas
- sal e pimenta-do-reino
- 2-3 colheres (sopa) de azeite de oliva
- 2 fatias finas de bacon magro, picadas
- 300 ml de cidra
- 100 ml de calvados (aguardente de maçã) ou conhaque
- 250 ml de creme de leite fresco bem grosso
- folhas de alguns raminhos de tomilho
- 500 g de maçãs firmes e ácidas (cerca de 3)
- 30 g de manteiga
- 1-2 colheres (chá) de açúcar
- suco de limão a gosto
- 30 g de nozes, torradas e levemente amassadas
- 1 punhado de folhas de salsa, picadas

Preaqueça o forno a 200 graus. Tempere as aves com sal e pimenta-do--reino. Aqueça uma fina camada de azeite de oliva em uma caçarola que possa ir ao forno. Refogue os pedaços de ave, por etapas, deixando por 2-3 minutos de cada lado, até ficarem dourados por igual. Retire e reserve.

Ponha o bacon na panela em que dourou as aves e frite até os pedaços ficarem levemente dourados. Junte a cidra e o calvados. Deixe ferver e formar bolhas até perder um terço do volume. Acrescente o creme e as folhas de tomilho.

Reponha os pedaços de galinha na panela, tampe e ponha no forno. Deixe por 30-45 minutos, até as aves ficarem macias e assadas por igual. Tire os pedaços de peito depois de 20-25 minutos, para evitar que fiquem muito cozidos, e ponha de volta nos últimos 5 minutos, para esquentar.

Cerca de 15 minutos antes de servir, descasque, tire os centros e corte as maçãs em anéis grossos. Derreta a manteiga em uma frigideira grande. Polvilhe as maçãs com açúcar e frite na manteiga por 4-5 minutos de cada lado, até ficarem com uma cor castanho-dourada.

Quando a galinha-d'angola estiver pronta, transfira os pedaços para uma travessa aquecida. Se achar que o molho está muito ralo, ferva mais um pouco, até chegar à consistência desejada. Tempere a gosto com sal, pimenta-do-reino e suco de limão.

Ponha a galinha-d'angola no molho e enfeite com as rodelas de maçã caramelizadas. Antes de servir, salpique as nozes picadas e a salsa.

Navarin de cordeiro com legumes

NA FRANÇA, ESTE ELEGANTE PRATO CONSTITUI uma receita especial para a Páscoa. A tenra carne da parte dianteira do cordeiro e uma mistura de legumes se combinam em um molho leve e saboroso. A receita exige um pouco de tempo, mas não é difícil. É importante assar bem a carne, que deve ser de cordeiro de primeira qualidade.

RENDIMENTO: 4 PORÇÕES

- 16 mininabos, com as pontas aparadas
- 16 minicenouras descascadas ou escovadas
- 16 minialhos-porós, com as pontas aparadas
- 100 g de ervilha em grão (se usar congeladas, descongelar antes)
- 120 g de vagens, sem os fios
- 12 minicebolas ou echalotas pequenas, descascadas
- sal e pimenta-do-reino
- 1 bife de 800 g da parte dianteira do cordeiro
- 20 g de farinha de trigo, para polvilhar
- 2 colheres (sopa) de azeite de oliva
- 300 ml de um vinho tinto leve, como um Beaujolais
- 2 dentes de alho, sem a casca, picados
- 1 folha de louro
- 3 raminhos de tomilho
- 3 raminhos de alecrim
- 400 ml de caldo de galinha
- 50 g de manteiga, fria, em pedaços pequenos
- 1 colher (sopa) de açúcar
- 2 colheres (sopa) de vinagre balsâmico
- 1 punhado pequeno de folhas de estragão

Prepare uma vasilha com água gelada. Ponha uma panela grande com água e sal no fogo. Trabalhando por etapas, afervente os nabos durante 3 minutos e passe com uma escumadeira para a água gelada. Depois que esfriarem, transfira para uma travessa. Faça o mesmo com os outros legumes, aferventando as cenouras por 4 minutos, os alhos-porós por 5 minutos, as ervilhas e vagens por 1 minuto e, por último, as cebolas por 8-10 minutos.

Corte a carne em tirinhas de 3-5 cm, polvilhe farinha de trigo e tempere generosamente com sal e pimenta-do-reino. Aqueça o azeite de oliva em uma caçarola ou panela de fundo pesado e frite o cordeiro, se necessário por etapas, até tomar cor. Passe a carne para um escorredor colocado sobre uma vasilha para recolher o caldo.

Coloque a panela outra vez no fogo e ponha o vinho, o alho, o louro, o tomilho e o alecrim. Deixe ferver vigorosamente até reduzir a um xarope viscoso e adicione o caldo de galinha. Coloque outra vez o cordeiro na panela, junto com o caldo recolhido na vasilha. Deixe ferver e retire o excesso de gordura. Baixe o fogo e cozinhe vagarosamente durante 2 horas, retirando o excesso de gordura de vez em quando.

Quando o cordeiro estiver macio, passe a carne para um prato com a escumadeira. Aumente o fogo e reduza o molho a uma consistência capaz de envolver levemente os outros ingredientes. Ponha a manteiga, um pedacinho de cada vez. Tempere com sal e pimenta-do-reino a gosto e, se quiser um pouco de doçura ou acidez, misture o açúcar e o vinagre balsâmico.

Ponha a carne e os legumes no molho, deixe ferver outra vez e esquente por 4-5 minutos. Distribua por pratos fundos aquecidos e espalhe as folhas de estragão por cima. Sirva imediatamente.

Suflê de limão

FAZER UM BOM SUFLÊ NÃO É NENHUM BICHO DE SETE CABEÇAS, e estou disposto a provar o que digo! Se algum de vocês evita esse prato, experimente esta receita. O segredo está em fazer uma base bem grossa para o suflê e bater adequadamente as claras até ficarem bem firmes e lustrosas. Além disso, é importante resistir à tentação de abrir a porta do forno antes de o suflê ficar pronto. Se isso acontecer, ele pode desabar.

RENDIMENTO: 4 PORÇÕES

- 40 g de manteiga sem sal, amolecida, para untar
- 100 g de açúcar refinado, mais um pouco para polvilhar
- 150 ml de leite integral
- 100 ml de creme de leite bem grosso
- 3 gemas de ovos grandes
- 15 g de farinha de trigo
- 10 g de amido de milho
- 4 claras de ovos grandes
- casca muito bem ralada e suco de 2 limões
- açúcar de confeiteiro, para polvilhar

Unte quatro forminhas para suflê de 250 ml com a manteiga amolecida, em pinceladas verticais, de baixo para cima, incluindo as bordas. Ponha na geladeira por alguns minutos e volte a untar, com uma segunda camada de manteiga. Polvilhe um pouco de açúcar em cada forma, balance e bata, de forma que o açúcar polvilhe a manteiga, espalhando-se por igual no fundo e nos lados. Tire o excesso e deixe na geladeira até a hora de usar.

Para preparar a base do suflê, ponha o creme e o leite numa panela de fundo pesado. Deixe esquentar lentamente até quase o ponto de fervura e tire do fogo. Bata as gemas com 50 g de açúcar em uma vasilha grande, até ficarem claras e encorpadas. Peneire a farinha de trigo e o amido juntos sobre as gemas e bata mais um pouco até a mistura ficar macia. Devagar, vá juntando o creme e o leite, sem parar de bater. Ponha de volta na panela e deixe no fogo baixo, mexendo sempre com uma colher de pau, por uns 5 minutos, até a mistura ficar macia e bem grossa. Tire do fogo e deixe esfriar. Preaqueça o forno a 200 graus.

Numa vasilha grande e limpa, bata as claras até formar picos. Adicione umas gotinhas de suco de limão e volte a bater. Pouco a pouco, vá acrescentando os 50 g restantes do açúcar, uma colherada de cada vez, até a mistura ficar bem densa e lustrosa.

Junte a casca e o resto do suco de limão à base do suflê e misture com um terço da mistura de claras. Cuidadosamente, adicione o restante das claras, com uma colher de metal grande, até tudo ficar bem incorporado.

Passe a mistura às colheradas para as forminhas, enchendo até a borda, e bata cada uma na mesa para eliminar bolhas de ar no interior. Delicadamente, alise por cima do suflê com uma espátula. Passe a lâmina da espátula em volta das partes internas das forminhas. Coloque as forminhas em uma assadeira e posicione no meio do forno, deixando por 15-18 minutos, até crescerem e mostrarem um ligeiro tremor na parte superior do suflê. Polvilhe com o açúcar de confeiteiro e sirva imediatamente.

Crepes de chocolate com chantilly

CREPES BEM FINOS SÃO UMA ESPECIALIDADE DA BRETANHA. Antes, os crepes eram sempre salgados, feitos com a farinha de trigo-sarraceno moída na região, mas, com o passar do tempo, os crepes doces se tornaram populares. Minha versão de chocolate, recheada com creme e servida com calda de chocolate, é rica e saborosa. Se você não tiver frigideira própria para crepes, use uma frigideira antiaderente larga.

RENDIMENTO: 4 PORÇÕES

Crepes:

100 g de farinha de trigo
25 g de cacau em pó
1/4 de colher (chá) de sal
1 colher (sopa) de açúcar
2 ovos médios, ligeiramente batidos
1 colher (sopa) de manteiga derretida, e mais um pouco para fritar
300 ml de leite integral
1 colher (chá) de essência de baunilha

Calda de chocolate:

100 g de chocolate amargo de boa qualidade (cerca de 70% de cacau)
15 g de manteiga sem sal
1 1/2 colher (sopa) de mel claro
70 ml de leite integral

Creme chantilly:

250 ml de creme de leite bem espesso
2-3 colheres (sopa) de açúcar de confeiteiro
1 colher (chá) de essência de baunilha

Para servir:

4 colheres (sopa) de amêndoas, em flocos ou fatiadas
casca de laranja cristalizada (ver pág. 102), opcional

Para os crepes, peneire a farinha de trigo, o cacau em pó e o sal em uma vasilha. Misture o açúcar. Abra um buraco no meio e despeje os ovos batidos, a manteiga derretida, o leite e a essência de baunilha. Misture para formar uma massa macia. Tome cuidado para não trabalhar demais a massa. Deixe descansar, dentro ou fora da geladeira, por ao menos 30 minutos.

Para preparar a calda, divida o chocolate em pedacinhos e ponha em uma panela. Coloque em banho-maria, sobre outra panela com água fervente. Junte a manteiga e o mel e deixe derreter, mexendo de vez em quando. Tire do fogo e misture o leite pouco a pouco, até formar uma calda macia. Se for necessário, esquente ligeiramente antes de servir.

Para preparar o chantilly, bata o creme de leite com o açúcar de confeiteiro e a baunilha, até formar picos firmes. Cubra e deixe na geladeira até a hora de servir.

Ponha a frigideira própria para crepes em fogo médio e acrescente uma bolinha de manteiga. Quando terminar de derreter, incline a frigideira e gire para que a manteiga cubra toda a base. Adicione um pouquinho de massa e incline girando para que ela forme uma camada fina, cobrindo toda a base. Deixe por 1 minuto e meio, até a massa ficar firme e com uma cor castanho-dourada na parte de baixo. Vire e deixe mais um minuto para cozinhar o outro lado. Transfira para um prato aquecido e embrulhe em um guardanapo para manter quente. Repita com o restante da massa, separando os crepes com papel-manteiga enquanto são colocados dentro do guardanapo.

Para servir, espalhe uma camada de creme chantilly sobre metade do crepe e salpique algumas amêndoas torradas. Dobre a metade vazia do crepe sobre o outro lado e depois dobre outra vez. Ponha um crepe recheado em cada prato e regue com a calda de chocolate. Salpique amêndoas torradas e, se quiser, enfeite com pedaços de laranja cristalizada.

Torta de framboesa

OS MARAVILHOSOS DOCES E TORTAS OFERECIDOS pelas confeitarias de toda a França nunca deixam de seduzir quem passa por eles. Sempre que me lembro desses doces, penso na irresistível *tarte aux framboises*. Você vai ficar com mais massa de torta e possivelmente com mais creme de baunilha do que o necessário (não é prático fazer uma quantidade menor). Por isso, se quiser, aproveite para fazer e assar algumas tortinhas menores.

RENDIMENTO: 8-10 PORÇÕES

Para a massa doce:

- 125 g de manteiga sem sal, na temperatura ambiente
- 90 g de açúcar
- 1 ovo grande
- 250 g de farinha de trigo, e mais um pouco para polvilhar
- 1 colher (sopa) de água gelada (se for necessário)

Para o creme de baunilha:

- 250 ml de leite integral
- 1/2 fava de baunilha, aberta no sentido do comprimento, separando as sementes
- 50 g de açúcar branco refinado
- 20 g de amido de milho
- 3 gemas de ovos grandes
- 100 ml de creme de leite fresco bem espesso

Cobertura:

- cerca de 700 g de framboesas (escovadas ou sopradas, não lavadas)
- 2-3 colheres (sopa) de geleia de framboesa, sem sementes
- 1 colher (sopa) de água quente (se for necessário)

Para a massa, bata a manteiga com o açúcar no processador, só o suficiente para misturar. Adicione o ovo e bata por mais 30 segundos. Acrescente a farinha e bata por alguns segundos, apenas para misturar a massa, colocando um pouco de água, se necessário. Amasse um pouco sobre uma superfície enfarinhada. Forme um disco, envolva em filme plástico e deixe por 30 minutos na geladeira.

Abra a massa sobre uma superfície levemente enfarinhada até ficar com a espessura de uma moeda. Coloque-a em uma forma para torta de fundo removível, de 23-25 cm, retirando o excesso de massa das bordas. Deixe na geladeira por, pelo menos, mais 30 minutos.

Para fazer o creme de baunilha, ponha o leite, a fava e as sementes de baunilha em uma panela de fundo pesado, com uma colher (sopa) de açúcar. Deixe esquentar devagar até quase o ponto de fervura. Enquanto isso, bata o restante do açúcar, o amido de milho e as gemas em uma vasilha. Quando o leite começar a formar bolhas, junte-o, devagar, à mistura da vasilha, sem parar de mexer. Lave rapidamente a panela. Ponha a mistura na panela, passando por uma peneira fina. Coloque em fogo baixo e deixe até formar um mingau grosso. Passe outra vez pela peneira para uma vasilha limpa e deixe esfriar, mexendo de vez em quando para não formar uma pele em cima.

Preaqueça o forno a 200 graus com uma assadeira no interior. Forre a forma da torta com papel-manteiga e feijões de cerâmica. Coloque sobre a assadeira e deixe no forno de 15-20 minutos. Tire o papel e os feijões e recoloque no forno por mais 5 minutos, para terminar de assar a massa. Deixe esfriar por 10 minutos, abra a forma e ponha a massa em um suporte para esfriar mais um pouco.

Bata o creme até formar picos. Bata um pouco o mingau de baunilha já frio, para deixá-lo mais maleável, e misture ao creme. Deixe na geladeira até a hora de servir. Espalhe uma camada fina de creme de baunilha sobre o fundo da massa. Arrume as framboesas por cima. Esquente um pouco a geleia, deixando-a mais rala com a água quente, se for necessário. Espalhe sobre as framboesas, formando um glacê. Fica melhor servido no mesmo dia, ligeiramente gelado.

ITÁLIA

TIVE A SORTE DE TRABALHAR BASTANTE NA ITÁLIA, ESPECIALMENTE NA TOSCANA E NA SARDENHA. OS ITALIANOS SÃO MUITO ORGULHOSOS E APAIXONADOS POR SEUS INGREDIENTES E SUAS RECEITAS. QUASE TODAS AS CIDADES E ALDEIAS TÊM SEU TIPO PRÓPRIO DE MASSA, E CADA UM É PREPARADO ESPECIFICAMENTE PARA O MOLHO COM O QUAL SERÁ SERVIDO. SE VOCÊ COMETER O ERRO DE PEDIR PARMESÃO PARA COMER COM UM PRATO DE MASSA QUE TENHA PEIXE, LHE DIRÃO COM TODAS AS LETRAS QUE ISTO NÃO SE FAZ. PARA OS ITALIANOS, O ALIMENTO É ALGO QUE ACOMPANHA E FAZ PARTE DA VIDA, E NÃO APENAS UMA FORMA DE MANTER AS PESSOAS VIVAS. COZINHAR BEM ESTÁ NO SANGUE DELES.

Abobrinhas grelhadas com presunto (tipo italiano)

PERFEITO COMO ENTRADA NO VERÃO, ou como parte de uma mesa de antepastos, este prato delicioso é preparado com muita facilidade. Você vai precisar, contudo, usar abobrinhas muito frescas e presunto curado de boa qualidade – idealmente o Prosciutto di San Daniele.

RENDIMENTO: 4 PORÇÕES

4 abobrinhas grandes com as pontas aparadas
2 colheres (sopa) de azeite de oliva
sal e pimenta-do-reino
200 g de presunto de boa qualidade, em fatias finas
2 colheres (sopa) de pinoli tostados
1 punhado de folhas de salsa

Molho agridoce:
2 colheres (sopa) de vinagre de vinho tinto
1-2 colheres (sopa) de mel suave
suco de 1/2 limão
6 colheres (sopa) de azeite de oliva extravirgem
algumas folhas de tomilho

Comece pelo molho. Em uma vasilha pequena, para misturar, bata o vinagre, uma colher (sopa) de mel e a maior parte do suco de limão. Acrescente, pouco a pouco, o azeite de oliva extravirgem. Adicione as folhas de tomilho e tempere com sal e pimenta-do--reino. Prove e acrescente mais mel e suco de limão se achar necessário. O molho deve ter um equilíbrio perfeito entre doce, salgado e ácido.

Corte as abobrinhas na diagonal, em fatias de 1,5 cm de espessura. Coloque-as em uma vasilha grande, adicione sal, pimenta-do-reino e azeite de oliva e mexa para ficarem bem cobertas. Aqueça a grelha em fogo médio. Ponha as abobrinhas e deixe de 3-4 minutos de cada lado, até ficarem levemente douradas e macias.

Acomode as fatias de presunto e de abobrinha nos pratos em que vai servir. Regue com o molho agridoce e espalhe os pinoli torrados e as folhas de salsa. Sirva quente ou na temperatura ambiente.

Cogumelos silvestres sobre **polenta grelhada** com **pecorino**.

ESTA É A RESPOSTA ITALIANA AOS COGUMELOS britânicos na torrada. A polenta grelhada é uma base brilhante para os saborosos cogumelos refogados. Servida em porções generosas, é nutritiva o suficiente para servir de almoço, junto com uma salada de folhas. Procure usar uma boa variedade de cogumelos.

RENDIMENTO: 4 PORÇÕES

- 200 g de farinha para polenta instantânea
- 1,2 litro de água
- sal e pimenta-do-reino
- 2 colheres (sopa) de azeite de oliva, e mais um pouco para regar
- 500 g de cogumelos variados
- 4 dentes de alho, sem a casca, picados
- 25 g de manteiga
- algumas folhas de orégano
- 2-3 colheres (sopa) de farinha de trigo, para polvilhar
- lascas de queijo pecorino para enfeitar

Comece pela polenta. Ponha a água com um pouco de sal em uma panela média e deixe ferver. Adicione a polenta devagar, num fluxo fino e constante, mexendo sem parar. Continue a mexer por mais 5 minutos, até a polenta engrossar e toda a água ter sido absorvida. Tire do fogo, tempere bem com sal e pimenta-do-reino e despeje em uma assadeira levemente untada. Com uma espátula, alise a polenta, deixando-a com a espessura de 2 cm. Deixe esfriar e assentar 30 minutos.

Um pouquinho antes de servir, corte os cogumelos maiores pela metade e ponha uma frigideira grande em fogo alto. Quando estiver quente, ponha o azeite de oliva e, logo depois, os cogumelos. Refogue rapidamente, até eles começarem a tomar cor. Junte manteiga, alho, sal, pimenta-do-reino e metade das folhas de orégano. Deixe em fogo alto até não restar mais nenhum líquido. Tire a frigideira do fogo, mas conserve quente.

Ponha a grelha sobre fogo médio. Corte a polenta em quadrados de 8-10 cm de lado e polvilhe com um pouco de farinha de trigo. Unte a grelha com azeite de oliva. Deixe os quadrados na grelha por uns 2-3 minutos de cada lado, até começarem a tomar um pouco de cor. Se fizer por etapas, conserve quente no forno com temperatura baixa.

Para servir, coloque os pedaços de polenta grelhada em pratos aquecidos e espalhe os cogumelos refogados por cima. Distribua lâminas de queijo pecorino e o restante das folhas de orégano e sirva imediatamente.

Preparando ravióli

Estenda uma tira de massa em uma superfície limpa, com um dos lados maiores virado para você. Ponha colheradas de recheio na metade da tira mais próxima, a 3 cm da borda, deixando 2 cm entre os montinhos. Pincele levemente em torno dos montinhos e o restante da massa com ovo batido. Dobre a borda da massa para cobrir os montinhos de recheio. Pressione em volta dos montinhos para selar e eliminar possíveis bolhas de ar. Dobre a tira de massa mais uma vez e pressione entre os montinhos de recheio. Usando um cortador especial ou uma faca bem afiada, corte entre os montinhos para formar os raviólis. Mantenha-os cobertos com uma toalha limpa até a hora de preparar.

Raviólis de espinafre, ricota e pinoli com manteiga de sálvia

Fazer seus próprios raviólis é divertido e dá muita satisfação – especialmente se você tiver a colaboração de outras pessoas. Na Itália, isso acontece com frequência, ficando a matriarca encarregada do controle de qualidade. A quantidade de recheio desta receita dá para uns 20 raviólis. A massa que sobrar pode ser enrolada em tiras finas e cortada para fazer pappardelle ou tagliatelle.

RENDIMENTO: 4-5 PORÇÕES

Para a massa:

1 pitada de pistilos de açafrão
1 colher (sopa) de água fervendo
550 g de farinha de trigo italiana '00'
1/4 de colher (chá) de sal
4 ovos médios, mais 6 gemas
2 colheres (sopa) de azeite de oliva

Para o recheio:

2 colheres (sopa) de azeite de oliva
2 dentes de alho, sem a casca, muito bem picados
500 g de folhas de espinafre
15 g de manteiga
1/4 de colher (chá) de noz-moscada ralada na hora
sal e pimenta-do-reino
150 g de ricota
75 g de queijo parmesão, ralado na hora
75 g de pinoli, levemente tostados
suco de limão, a gosto
ovo batido para pincelar

Manteiga de sálvia:

75 g de manteiga sem sal, em cubinhos
2 colheres (sopa) de creme de leite grosso
folhas picadas de 6 raminhos de sálvia

Para servir:

Parmesão, para ralar

Comece pela massa. Amasse ligeiramente o açafrão em uma vasilha, junte a água fervendo e deixe em infusão até esfriar. Ponha os outros ingredientes em um processador, junte a água com o açafrão e bata até a mistura formar uma massa grossa. Se precisar, acrescente mais água. Passe para uma vasilha e use as mãos para formar uma bola. Ponha em uma superfície levemente enfarinhada e amasse até ficar macia. A massa deve ficar elástica, mas não pegajosa. Se achar que está muito úmida, adicione um pouco mais de farinha. Envolva em filme plástico e deixe por 30 minutos na geladeira.

Para fazer o recheio, aqueça o azeite de oliva em uma frigideira grande e frite o alho até começar a tomar cor. Acrescente o espinafre e deixe de 2 a 3 minutos, até o líquido liberado desaparecer. Aumente um pouco o fogo e adicione a manteiga, a noz-moscada, sal e pimenta-do-reino. Escorra e pique um pouco o espinafre. Em uma vasilha grande, misture a ricota, o parmesão e os pinoli. Acrescente o espinafre e um toque de suco de limão. Prove e ajuste o tempero, se necessário. Cubra e deixe na geladeira por ao menos 30 minutos.

Corte a massa em oito pedaços, forme bolas e deixe-as embrulhadas até a hora de usar. Com uma máquina de fazer macarrão, transforme cada bola em uma tira comprida, com cerca de 80 x 13 cm, passando-a repetidamente pelos rolos e apertando gradualmente a espessura até chegar ao ponto mais fino. Cubra com uma toalha molhada. Para fazer os raviólis, siga as instruções da página anterior.

Derreta a manteiga em uma frigideira e deixe até começar a ficar amarronzada. Tire do fogo e espere 1 minuto. Passe, através de uma peneira fina, para uma panela limpa. Ponha no fogo, deixe aquecer devagar e junte o creme e a sálvia.

Ponha para ferver uma panela de água com um pouquinho de sal, adicione os raviólis e cozinhe por 2-3 minutos. Escorra bem e misture com a manteiga de sálvia. Rale um pouco de parmesão sobre a mistura e sirva imediatamente.

5 opções para pizza

Massa **de pizza**

Com um mixer elétrico com garfo apropriado para massas, misture 500 g de farinha de trigo com um pacotinho de 7 g de fermento biológico, 1 colher (chá) de sal e 100 ml de água morna. Vá juntando pouco a pouco mais água (até 150 ml), até a massa começar a tomar forma. Trabalhe a massa por 1 minuto com o mixer. Passe para uma superfície levemente enfarinhada e trabalhe um pouco com as mãos, até a massa ficar macia e elástica. Passe para uma vasilha levemente untada com azeite, cubra com filme plástico e deixe crescer em lugar quente até dobrar de tamanho. Trabalhe um pouco a massa sobre uma superfície enfarinhada, divida em duas e abra cada uma em um disco de 20 cm. Ponha em assadeiras levemente untadas.

RENDIMENTO: 2 PORÇÕES

Molho **de tomate**

Refogue lentamente dois dentes de alho muito bem picados e uma cebola muito bem picada em 2 colheres (sopa) de azeite de oliva, em uma panela média, até ficarem macios. Junte 400 g de tomates bem maduros picados, sem pele e sem sementes, 100 g de tomates-cereja em pedacinhos e 1 colher (sopa) de purê de tomate. Deixe cozinhar lentamente por 40 minutos, ou até reduzir e engrossar.

Pizza **Margherita**

Preaqueça o forno a 220 graus. Espalhe molho de tomate (veja ao lado) sobre os discos de pizza. Cubra com 250 g de muçarela em fatias finas e espalhe algumas folhas de manjericão por cima. Tempere muito bem com sal e pimenta-do-reino e um fio ligeiro de azeite de oliva. Deixe no forno por 15-20 minutos, até a massa ficar dourada. RENDIMENTO: 2 PORÇÕES

Pizza de **presunto de Parma** e **alcachofra temperada**

Preaqueça o forno a 220 graus. Derreta 20 g de manteiga em uma panela e adicione 400 g de tomates para molho partidos em quatro, 1 pimenta vermelha em fatias finas, um punhado de folhas de orégano picadas, 1 colher (chá) de açúcar e um pouco de sal e pimenta-do-reino. Deixe no fogo por 5-7 minutos e acrescente 1 colher (chá) de vinagre de vinho tinto. Espere esfriar lentamente. Espalhe a mistura de tomate às colheradas sobre os discos de pizza. Distribua por cima de cada uma 6-8 fatias finas de alcachofra temperada, algumas fatias de presunto de Parma e um punhado de azeitonas pretas. Regue com um fio de azeite de oliva e tempere levemente com sal e pimenta-do-reino. Asse por 15-20 minutos, até a massa dourar. Ao servir, espalhe por cima um pouco de lascas de parmesão e folhas de rúcula. RENDIMENTO: 2 PORÇÕES

Pizza bianca de **quatro queijos**

Preaqueça o forno a 180 graus. Ponha 8 dentes de alho grandes, sem tirar a casca, em uma vasilha refratária. Regue com azeite de oliva, tempere com sal e pimenta-do-reino e deixe no forno por 20-25 minutos, até ficar macio. Separe as cascas e ponha os dentes de alho em uma vasilha. Amasse com 1 colher (sopa) de alecrim bem picado, 3-4 colheres (sopa) de azeite de trufas (ou de azeite de oliva de boa qualidade), sal e pimenta-do--reino. Aumente a temperatura do forno para 200 graus. Espalhe a pasta de alho em uma camada fina sobre os discos de pizza e distribua por cima punhados generosos de parmesão ralado na hora, queijo de cabra e gorgonzola, além de umas poucas fatias de muçarela. Asse por 15-20 minutos, até a massa dourar. RENDIMENTO: 2 PORÇÕES

Pizza de tomate assado **e cogumelos**

Preaqueça o forno a 180 graus. Espalhe de 350-400 g de tomates-cereja em uma assadeira, regue com 2 colheres (sopa) de azeite de oliva e polvilhe sal e pimenta-do-reino. Asse por 8-10 minutos, até os tomates ficarem macios, mas sem perder a forma. Tire do forno e reserve. Aumente a temperatura para 220 graus. Derreta 20 g de manteiga em uma frigideira e refogue 200 g de cogumelos variados cortados em tiras, com uma colher (chá) de folhas de tomilho picadas, em fogo médio-alto. Deixe por 4-6 minutos, até os cogumelos ficarem macios e todos os líquidos desaparecerem. Deixe esfriar à temperatura ambiente. Espalhe molho de tomate (veja página anterior) sobre os discos de pizza. Cubra com os cogumelos refogados, 120 g de queijo de cabra, 125 g de muçarela em fatias finas e os tomates assados. Regue com azeite de oliva e tempere bem com sal e pimenta-do-reino. Asse por 15-20 minutos, até a massa dourar. RENDIMENTO: 2 PORÇÕES

Minipizzas de **salame e pimentão**

Aqueça o forno a 220 graus. No processador, faça uma pasta com meia jarra de 350 g de pimentões assados em conserva, 2 dentes de alho picados, 50 g de parmesão ralado na hora, 35 g de pinoli tostados, um punhado de folhas de manjericão, 100 ml de azeite de oliva extravirgem e um pouco de sal e pimenta-do-reino. Com um instrumento apropriado, forme discos de 6 cm com a massa da pizza. Espalhe um pouco de pasta de pimentão sobre cada um e complete com o restante do pimentão que ficou na jarra e uma rodela de salame bem temperado. Polvilhe com parmesão e asse por 12-15 minutos, até a massa dourar. RENDIMENTO: 14 PORÇÕES

Risoto de frutos do mar

PARA SE OBTER UM RISOTO SOBERBO, são essenciais um bom arroz apropriado e um caldo saboroso. Para este, melhorei o sabor do caldo de peixe com os sucos de uma panela de mexilhões aferventados. Os mexilhões têm a casca retirada e são acrescentados ao arroz no final. Restringi os frutos do mar a um trio simples de mexilhões, camarões e lulas, mas, se quiser, sirva com um filé de peixe frito por cima.

RENDIMENTO: 6-8 PORÇÕES

- 300 g de mexilhões vivos, esfregados e com as barbas aparadas
- 200 ml de água
- 300 ml de vinho branco seco
- 800 ml de caldo de peixe ou de galinha
- 1 pitada de pistilos de açafrão
- 2 colheres (sopa) de azeite de oliva
- 40 g de manteiga
- 1 funcho pequeno com as pontas aparadas, bem picado
- 1 cebola, descascada e bem picada
- 1 dente de alho, descascado e bem picado
- 350 g de arroz para risoto, como arborio, carnaroli ou vialone nano
- 300 g de camarões crus, descascados
- 200 g de lulas pequenas, limpas e cortadas em fatias
- casca de 1 limão, bem ralada
- sal e pimenta-do-reino
- 1 punhado de folhas de salsa, picadas

Examine cuidadosamente os mexilhões. Jogue fora os que estiverem rachados, abertos ou não fecharem quando levarem uma leve batida com a faca. Ponha a água e 200 ml do vinho em uma panela grande e deixe ferver em fogo alto. Junte os mexilhões, tampe bem a panela e dê umas sacudidas. Cozinhe por 2-3 minutos, até os mexilhões abrirem. Passe por um escorredor colocado sobre uma panela, para recolher o líquido. Descasque os mexilhões e reserve, jogando fora os que não estiverem abertos. Junte o caldo e o açafrão ao líquido dos mexilhões e ponha no fogo baixo.

Enquanto isso, aqueça o azeite de oliva e metade da manteiga em uma panela grande. Junte o funcho, a echalota e o alho e frite até ficarem macios, mas sem tomar cor, por cerca de 6-8 minutos. Ponha o arroz na panela, mexa bem para ficar impregnado pelo azeite e deixe por cerca de 2 minutos, até o arroz começar a ficar translúcido. Acrescente o restante do vinho e deixe borbulhar até todo o líquido ser absorvido. Junte uma concha de caldo quente e mexa até ser todo absorvido. Continue a acrescentar o caldo dessa maneira, uma concha de cada vez, até o arroz ficar cremoso, mas ainda um pouco *al dente*. (Pode ser que não seja necessário usar todo o caldo.)

Junte os camarões e as lulas ao risoto e cozinhe por 2 minutos, até eles estarem completamente cozidos. Acrescente os mexilhões no último minuto. No final, espalhe a casca de limão ralada e o restante da manteiga por cima e prove. Se necessário, acrescente sal e pimenta-do-reino. Tire a panela do fogo e deixe descansar por alguns minutos.

Distribua o risoto pelos pratos em que vai servir, aquecidos, e salpique com as folhas de salsa. Sirva imediatamente.

Salmonete recheado com batatinhas assadas

ESTA É UMA EXCELENTE FORMA DE SABOREAR O SALMONETE, um peixe muito popular no Mediterrâneo. Peça ao peixeiro para limpar, tirar as escamas e abrir o peixe em borboleta sem separá-lo nas costas, para rechear, mantendo o rabo intacto. Assim, você poderá recheá-los facilmente com a deliciosa pasta de azeitonas pretas e anchovas. Dependendo do tamanho dos peixes, poderá sobrar um pouco da pasta. Guarde-a na geladeira e use-a para dar sabor a outros pratos de peixe ou frango.

RENDIMENTO: 4 PORÇÕES

4 salmonetes, de cerca de 500 g cada um, limpos e abertos
200 g de azeitonas pretas sem caroço
4 filés de anchova conservados em óleo, escorridos
60 g de tomates secos
2 dentes de alho, descascados e picados
5 colheres (sopa) de azeite de oliva, e mais um pouco para regar
sal e pimenta-do-reino

Batatinhas assadas:

1 kg de batatinhas novas pequenas, cortadas ao meio
2 limões em pedaços pequenos
folhas de alguns raminhos de alecrim
6 dentes de alho, com a casca
3 colheres (sopa) de azeite de oliva

Vamos começar pelas batatinhas. Aqueça o forno a 200 graus. Espalhe as batatinhas, o limão, o alecrim, o alho e o azeite de oliva em uma assadeira. Tempere com sal e pimenta-do-reino. Deixe no forno por cerca de 1 hora, até as batatas ficarem crocantes por fora e macias e fofinhas por dentro.

Cerca de 20 minutos antes de as batatinhas ficarem prontas, lave as cavidades dos peixes e seque cuidadosamente. Ponha azeitonas, anchovas, tomate seco, alho e 2 colheres (sopa) de azeite de oliva no liquidificador. Bata até formar uma pasta.

Preencha generosamente as cavidades dos peixes com a pasta, esfregue o restante do azeite de oliva nas peles e tempere com sal e pimenta-do-reino. Ponha em uma assadeira levemente untada com azeite e leve ao forno por 15-20 minutos. O tempo vai depender do tamanho dos peixes. Não deixe assarem demais. Eles devem estar cozidos por inteiro, mas firmes quando levemente pressionados.

Distribua as batatinhas pelos pratos aquecidos e coloque um peixe ao lado em cada um. Sirva com uma salada verde pouco temperada.

Pappardelle com coelho ensopado

A REGIÃO DA EMILIA-ROMAGNA É RESPONSÁVEL por alguns dos melhores pratos da cozinha italiana. É justamente famosa por suas deliciosas refeições à base de coelho. Nesta receita, uso coelho doméstico, que tem a carne mais macia, mas ela também pode ser preparada com coelho silvestre, que tem sabor mais forte, de caça. Se for o caso, acrescente de 15-20 minutos ao tempo de cozimento. Você pode encontrar pappardelle fresca em casas de massas ou preparar a sua. Se não for possível, use uma marca seca de boa qualidade.

RENDIMENTO: 4 PORÇÕES

3 colheres (sopa) de azeite de oliva
1 coelho doméstico, cortado pelas juntas em 8 pedaços
sal e pimenta-do-reino
3 dentes de alho, sem a casca, picados
2 cebolas, descascadas e picadas
1 funcho, com as pontas aparadas, picado
1 cenoura, descascada, picada
75 g de pancetta, em cubinhos
1 colher (sopa) de bagas de zimbro, levemente amassadas
folhas bem picadas de 2 raminhos de alecrim
folhas de 2 ramos de tomilho
250 ml de vinho tinto
2 colheres (sopa) de purê de tomate
300 ml de caldo de galinha
1 colher (sopa) de mostarda
500 g de pappardelle ou tagliatelle fresco
1 punhado de folhas picadas de salsa
parmesão ralado na hora, para servir

Aqueça o azeite de oliva em uma panela grande, larga e de fundo pesado. Tempere os pedaços de coelho com sal e pimenta-do-reino e frite no azeite, 2 minutos de cada lado, para dourar. Com uma escumadeira, passe para um prato.

Coloque alho, cebola, funcho e cenoura na panela. Frite em fogo alto de 2-3 minutos, até começar a amaciar. Junte a pancetta e deixe no fogo até dourar levemente, de 6-8 minutos.

Adicione zimbro, alecrim e tomilho e recoloque os pedaços de coelho na panela. Acrescente o vinho e o purê de tomate e deixe ferver até reduzir o líquido à metade. Ponha o caldo, experimente o tempero e tampe. Deixe cozinhar por 20-30 minutos, até o coelho ficar macio.

Tire o coelho e coloque em uma tábua. Quando esfriar o suficiente para trabalhar, separe a carne dos ossos, cortando os pedaços maiores, se for necessário. Se o caldo estiver muito ralo, deixe mais algum tempo no fogo para engrossar. Ponha a carne de coelho outra vez no molho, para esquentar. Acrescente a mostarda, prove e ajuste o tempero.

Quando estiver quase pronto para servir, ponha uma panela grande com água e sal no fogo. Depois que ferver, adicione a massa e cozinhe por alguns minutos, até ficar al dente. Escorra bem e misture ao ensopado, tomando cuidado para a massa ficar bem embebida pelo molho.

Distribua entre os pratos em que vai servir, aquecidos, e espalhe às colheradas o molho que ficar na panela. Salpique as folhas de salsa por cima. Sirva com parmesão ralado.

Ossobuco com abóbora **e polenta cremosa**

A TRADUÇÃO LITERAL DE OSSOBUCO É "BURACO NO OSSO". É um prato clássico de Milão, feito com canela de vitela assada. Muitos insistem que a versão original não levava tomates. Mas, com o tempo, eles foram introduzidos e dão uma bela cor castanho-avermelhada ao molho. Quando encomendar a vitela, diga ao açougueiro que é para ossobuco. Assim, ele vai lhe fornecer o corte adequado.

RENDIMENTO: 4 PORÇÕES

4 pedaços grandes de canela de vitela, com o osso, 4-5 cm de espessura
25 g de farinha de trigo
sal e pimenta-do-reino
3 colheres (sopa) de azeite de oliva
2 cebolas descascadas e picadas
3 dentes de alho, descascados e fatiados
200 ml de vinho branco seco
3 ramos de tomilho
3 ramos de alecrim
1 folha de louro
225 ml de passata (purê de tomate italiano)
250 ml de caldo de galinha
1 punhado de folhas de salsa

Para a abóbora assada:

1 abóbora, se possível do tipo abóbora-cheirosa, grande
2-3 colheres (sopa) de azeite de oliva
2 dentes de alho, descascados e fatiados
folhas de 2 ramos de tomilho ou alecrim

Para a polenta cremosa:

100 g de polenta instantânea
750 ml de água
20 g de manteiga
30 g de parmesão ralado na hora
1 colher (sopa) de queijo mascarpone
suco de limão a gosto

Aqueça o forno a 200 graus. Espalhe os pedaços de vitela em uma tábua. Envolva com uma camada leve de farinha de trigo temperada com sal e pimenta-do-reino. Aqueça o azeite de oliva em uma panela grande e de boca larga e fundo pesado, que possa ir ao forno. Doure os pedaços de vitela, por etapas, virando para dourar por igual. Ponha em um prato e reserve.

Coloque a cebola na panela e refogue devagar por 2-3 minutos. Adicione o alho. Deixe até a cebola ficar macia e levemente dourada. Acrescente o vinho, o tomilho, o alecrim e a folha de louro. Deixe ferver até o líquido ficar reduzido a um terço. Misture a passata, tempere com sal e pimenta-do-reino e deixe no fogo por mais 2-3 minutos. Ponha a carne e o caldo, tampe e leve ao forno por uma hora e meia. Vire a carne na metade desse tempo.

Tire a casca e as sementes da abóbora e parta em pedaços pequenos. Ponha em uma vasilha grande com azeite de oliva, alho, tomilho ou alecrim e um pouco de sal e pimenta-do-reino. Misture bem e transfira para uma assadeira. Quando o ossobuco já estiver no forno há uns 50 minutos, coloque também a abóbora e deixe assar por uns 40 minutos, até ficar macia.

Enquanto isso, prepare a polenta. Despeje a água em uma panela grande, acrescente uma pitada de sal e deixe ferver. Adicione pouco a pouco a polenta, mexendo sem parar por uns cinco minutos, até engrossar e absorver toda a água. Tire do fogo e misture manteiga, parmesão, mascarpone e suco de limão a gosto. Prove e acrescente sal e pimenta-do-reino a gosto. Mantenha aquecida até a hora de servir.

Descarte o tomilho, o alecrim e o louro do ossobuco. Espalhe a polenta cremosa por pratos aquecidos e ponha o ossobuco em cima. Termine salpicando salsa. Sirva com a abóbora assada do lado.

Pêssegos caramelizados com **vin santo**

A MISTURA DE PÊSSEGOS E VINHO É COMUM NA ITÁLIA, como aperitivo. Sou grande apreciador de um bellini de pêssego. Também gosto muito de pêssegos assados com um recheio tradicional de amêndoas, servidos com zabaglioni perfumado com prosecco. Aqui está uma maneira fácil de transformar pêssegos maduros em uma sobremesa maravilhosa. Se não encontrar vin santo, use um marsala doce ou uma borrifada de licor amaretto, o que tiver à mão.

RENDIMENTO: 4 PORÇÕES

100 g de açúcar, comum ou granulado
3 colheres (sopa) de água
1 fava de baunilha, aberta no sentido do comprimento
100 ml de vin santo
50 g de manteiga sem sal, amolecida
8 pêssegos maduros, firmes, sem os caroços, partidos em quatro
sorvete de baunilha de boa qualidade, para servir

Ponha o açúcar e a água em uma panela média de fundo pesado, na qual caibam os pêssegos, e leve ao fogo entre médio e baixo. Quando o açúcar se dissolver, aumente o fogo e deixe até formar uma calda de cor caramelo-claro. Tire do fogo. Raspe as sementes da baunilha diretamente na panela e adicione o vin santo e a manteiga.

Leve a panela ao fogo médio e mexa continuamente até ficar macio. Acrescente os pêssegos e deixe cozinhar por alguns minutos, até os pêssegos ficarem um pouco mais macios, mas sem perder a forma. Tire a panela do fogo.

Distribua os pêssegos e o molho entre as vasilhas nas quais vai servir e ponha por cima uma porção generosa de sorvete de baunilha bem gelado. Sirva imediatamente.

Figos assados no marsala com zabaglione

Figos frescos bem maduros transformam-se em uma elegante sobremesa com esta receita simples. Os figos ficam mais doces e adquirem um sabor sofisticado originado do marsala.

RENDIMENTO: 4 PORÇÕES

manteiga amolecida, para untar
8 figos maduros
3 colheres (sopa) de vinho marsala
50 g de açúcar mascavo
suco e casca ralada de 1/2 laranja
um punhado de pistaches, tostados e picados

Zabaglione:
4 gemas de ovos grandes
60 g de açúcar de confeiteiro peneirado
casca muito bem ralada de 1 limão
75 ml de vinho marsala

Aqueça o forno a 150 graus. Unte generosamente uma travessa rasa onde caibam os figos e que possa ir ao forno com a manteiga. Corte os cabinhos, faça um corte em cruz sobre cada figo e aperte delicadamente o fundo para abri-los um pouco. Coloque os figos em pé na travessa.

Em uma vasilha pequena, misture o marsala, o açúcar mascavo e a casca e o suco da laranja. Ponha esta mistura às colheradas sobre os figos e leve-os ao forno por 10 minutos. Tire a travessa, espalhe o caldo formado no fundo sobre os figos e leve ao forno por mais 5 minutos.

Para fazer o zabaglione, ponha as gemas e o açúcar de confeiteiro em uma vasilha grande resistente ao calor e coloque-a sobre uma panela com água começando a ferver. Com uma batedeira elétrica portátil, misture gemas e açúcar, devagar e consistentemente, até ficar claro, espesso e cremoso; tome cuidado para evitar que aqueça demais. Nesta altura, aumente a velocidade da batedeira. Junte a casca de limão e então, gradativamente, o marsala. Continue a bater aproximadamente por mais 10 minutos, até o zabaglione ficar espesso e espumante e a mistura deixar um fio quando as hastes são erguidas sobre a superfície. Tire a vasilha de cima da panela e deixe esfriar um pouco, mexendo de vez em quando.

Para servir, ponha o zabaglione às colheradas sobre os figos assados e salpique com os pistaches picados. Sirva ainda quente.

Bolo de amaretto **e chocolate**

Este irresistível bolo de chocolate tem uma textura rica, de derreter na boca. É uma fantástica sobremesa para quando você recebe convidados, pois pode ser preparado com antecedência e guardado na geladeira. Lembre apenas de tirá-lo da geladeira meia hora antes de servir.

RENDIMENTO: 8 PORÇÕES

manteiga amolecida, para untar
350 g de chocolate amargo (com cerca de 60% de cacau)
6 colheres (sopa) de licor Amaretto di Saronno
4 ovos grandes, claras e gemas separadas
50 g de biscoitos amaretto, esfarelados
200 g de açúcar
cacau em pó, para polvilhar
creme de leite ou queijo mascarpone ligeiramente batido, para servir

Aqueça o forno a 180 graus. Unte com manteiga uma forma redonda de fundo removível de 20 cm. Forre a base da forma com papel-manteiga.

Quebre o chocolate em pedacinhos, passe para uma vasilha resistente ao fogo e coloque sobre uma panela com água começando a ferver. Quando estiver derretendo, despeje o licor. Tire do fogo quando o chocolate estiver completamente derretido. Ponha de lado para esfriar um pouco.

Bata as gemas, juntas, em uma vasilha grande, até ficarem espessas e cremosas. Misture os biscoitos amaretto esmagados com o chocolate e acrescente às gemas.

Em uma vasilha separada, bata as claras em neve com uma batedeira elétrica portátil. Vá misturando o açúcar, uma colherada de cada vez, até obter um suspiro firme. Junte à mistura de chocolate um terço de cada vez.

Transfira a mistura às colheradas para a forma já preparada e alise com cuidado a superfície. Deixe no forno de 35-40 minutos, até o bolo crescer e formar uma espécie de crosta ligeira em cima. A superfície pode rachar, mas o centro vai estar deliciosamente úmido. Desligue e deixe o bolo esfriar lentamente, dentro do forno, por pelo menos uma hora.

Tire do forno e deixe esfriar completamente antes de tirar da forma. Passe para uma travessa e polvilhe com cacau em pó. Sirva, cortado em fatias, com creme de leite ou queijo mascarpone ligeiramente batido.

GRÉCIA

A COZINHA GREGA, ÀS VEZES SUBESTIMADA, PODE SER DELICIOSA. ESSENCIALMENTE, TEM UM ESTILO SIMPLES. DEPENDE MUITO DO QUE SE CULTIVA NO LOCAL E DO QUE SE CONSEGUE NO MAR. ERVAS COMO ALECRIM E ORÉGANO CRESCEM EM TODAS AS COLINAS E SÃO USADAS COM FARTURA. AS ABELHAS TRANSFORMAM O PÓLEN EM UM DELICIOSO MEL, QUE APARECE EM MUITOS PRATOS. O FETA É O QUEIJO MAIS USADO, E ADORO SUA TEXTURA GRANULADA E O TOM LEVEMENTE SALGADO QUE CONFERE AO PRATO. A MAIORIA DE NÓS, PROVAVELMENTE, CONSIDERA O MOUSSAKA O PRATO GREGO MAIS TÍPICO. POR ISSO, INCLUÍ UMA RECEITA DE MOUSSAKA NESTE CAPÍTULO. MAS HÁ MUITO MAIS NA COZINHA GREGA.

Taramasalata com pão pita feito em casa

A TARAMASALATA É UM TIPO DE MEZE muito comum na Grécia. É encontrado com facilidade no comércio, mas sempre contendo corante artificial cor-de-rosa, o que nada tem a ver com o prato real. A taramasalata pura, feita em casa, tem o sabor intenso das ovas de bacalhau defumadas, que pode ser suavizado com o uso da quantidade correta de azeite de oliva. Nos restaurantes, preparamos nossa receita com uma porção generosa de azeite de oliva, para obter uma textura muito macia e cremosa, semelhante a uma maionese mais encorpada.

RENDIMENTO: 6 PORÇÕES

2 1/2 fatias grossas de pão de forma, sem as cascas
100 ml de leite integral
200 g de ovas de bacalhau defumadas ou de tainhas
1 dente de alho, descascado, amassado
suco de 1 limão e meio
sal e pimenta-do-reino
275 ml de azeite de oliva leve
um pouco de leite (se necessário)
azeite de oliva extravirgem, para regar

Pão pita:
450 g de farinha de trigo, e mais um pouco para polvilhar
1 colher (chá) de sal
2 pacotinhos de 7 g de fermento biológico de ação rápida
1 colher (sopa) de azeite de oliva extravirgem, e mais um pouco para untar
300 ml de água morna

Vamos começar pelo pão. Ponha farinha, sal e fermento em uma vasilha grande. Faça um buraco no meio e despeje o azeite de oliva e a maior parte da água. Misture, formando uma massa macia, mas não pegajosa, juntando um pouco mais de água se for necessário. Dê a forma de uma bola. Coloque em uma superfície levemente enfarinhada e amasse por uns 10 minutos, até ficar bem macia. Passe para uma vasilha levemente untada com azeite de oliva, cubra com filme plástico e deixe crescer em lugar quente por cerca de duas horas.

Para fazer a taramasalata, parta o pão de forma em pedacinhos, coloque em uma vasilha, derrame o leite por cima e deixe de lado para absorver. Corte as partes duras da pele das ovas e coloque no processador com o alho, o suco de limão e uma boa pitada de pimenta-do-reino. Acrescente o pão com leite e bata até formar uma pasta macia. Com o motor funcionando, acrescente pouco a pouco o azeite de oliva leve. Prove, ajuste sal e pimenta-do-reino e, se parecer muito gorduroso, ponha um pouco de leite. Passe às colheradas para uma vasilha.

Quando a massa do pão pita tiver mais ou menos dobrado de tamanho, coloque em uma superfície levemente enfarinhada e amasse por um minuto. Divida em 12 pedaços iguais, formando bolas. Deixe uns 15 minutos em local aquecido. Preaqueça o forno a 200 graus. Ponha duas travessas levemente untadas com azeite dentro do forno, para esquentar. Abra cada bola em uma forma oval, com 2-3 mm de espessura. Passe para as travessas aquecidas e deixe no forno por 6-8 minutos, até os pães ficarem estufados e levemente dourados.

Espalhe um pouco de azeite de oliva extravirgem na superfície da taramasalata antes de servir com os pãezinhos quentes.

Haloumi grelhado com salada de berinjela

HALOUMI É UM TIPO DE QUEIJO CIPRIOTA feito tradicionalmente de uma mistura de leite de cabra e de ovelha. Muitas variedades vendidas no comércio têm leite de vaca na composição, o que diminui a qualidade do produto. Tente obter um haloumi autêntico. O sabor e a textura farão enorme diferença nesta deliciosa salada. Se sobrar molho de azeitonas, guarde em um pote na geladeira e use mais tarde, sobre peixe ou carneiro grelhados.

RENDIMENTO: 6 PORÇÕES

1 berinjela grande
sal e pimenta-do-reino
6 tomates maduros
40 g de azeitonas kalamata, sem os caroços
folhas picadas de um maço pequeno de hortelã
azeite de oliva para pincelar
500 g de queijo haloumi
2-3 colheres (sopa) de farinha de trigo

Para o molho de azeitonas:
75 g de azeitonas kalamata, sem os caroços
3 colheres (sopa) de vinagre de vinho tinto
1 colher (chá) de orégano seco
75 ml de azeite de oliva
75 ml de óleo de amendoim

Corte a berinjela em fatias grossas. Coloque em um escorredor, polvilhe ligeiramente com sal e espere 20 minutos. O sal ajuda a extrair o excesso de umidade das berinjelas. Seque bem com papel de cozinha.

Corte o tomate em fatias e coloque em uma vasilha grande com as azeitonas e a hortelã. Reserve enquanto você prepara o molho.

Ponha as azeitonas, o vinagre e o orégano no liquidificador. Bata até formar uma pasta macia. Ainda com o motor em funcionamento, ponha pouco a pouco o azeite de oliva e o óleo de amendoim e sal e pimenta-do-reino a gosto. Transfira para um pote e reserve.

Cerca de 15 minutos antes da hora de servir, ponha a grelha sobre fogo alto. Pincele as fatias de berinjela com azeite de oliva e deixe na grelha por cerca de 2 minutos de cada lado, até ficarem macias e com algumas marcas da grelha. Junte à vasilha com o tomate, adicione um pouco de molho e mexa bem para embeber tudo.

Corte o haloumi em fatias finas e cubra cada uma com uma camada leve de farinha de trigo. Deixe na grelha até o queijo começar a querer derreter e a ficar com as bordas castanho-douradas.

Para servir, arrume as fatias da berinjela em uma travessa grande e espalhe o haloumi por cima. Com uma colher, espalhe o tomate e regue com um pouco mais de molho de azeitonas. Sirva imediatamente, enquanto o haloumi ainda está quente.

Sopa de feijão branco com legumes

CONHECIDA NA GRÉCIA COMO FASOULADA, esta sopa é econômica e nutritiva. O preparo é muito fácil. Só é preciso lembrar de deixar o feijão de molho no dia anterior e depois cozinhar por umas duas horas. Servida com pão caseiro, é um almoço substancial e, distribuída entre pratos pequenos, uma entrada rústica.

RENDIMENTO: 4-6 PORÇÕES

500 g de feijão branco, como o fasolia gigantes grego, deixado de molho de um dia para o outro em bastante água fria
3-4 colheres (sopa) de azeite de oliva
2 cenouras, descascadas, bem picadas
1 cebola grande, descascada, bem picada
2 talos de aipo, descascados, bem picados
2 dentes de alho, descascados, bem picados
sal e pimenta-do-reino
6 tomates bem maduros, sem a pele e as sementes, bem picados
1 colher (sopa) de purê de tomate
1 colher (chá) de orégano seco
1 punhado pequeno de folhas de salsa picadas

Para servir (opcional):
azeite de oliva extravirgem, para regar
queijo feta desmanchado

Escorra o feijão branco. Passe para uma panela grande e cubra generosamente com água fria. Deixe ferver em fogo médio e retire a espuma que se formar na superfície. Baixe o fogo e deixe cozinhar por uma hora.

Aqueça o azeite de oliva em outra panela. Ponha a cenoura, a cebola, o aipo, o alho e um pouco de sal e pimenta-do-reino. Deixe em fogo médio de 6-8 minutos, mexendo sempre, até os legumes começarem a ficar macios. Acrescente os tomates picados, o purê de tomate e o orégano. Deixe no fogo por mais um ou dois minutos e então junte ao feijão na outra panela.

Ponha um pouco de água, se necessário, para todos os ingredientes ficarem cobertos e deixe no fogo por mais 30-45 minutos, até o feijão amaciar. Se a sopa ficar muito grossa, dilua com um pouco de água quente.

Para servir, distribua a sopa por pratos aquecidos e polvilhe a salsa picada. Se quiser, regue cada prato com azeite de oliva extravirgem e espalhe migalhas de queijo feta por cima. Sirva quente.

Assando sardinhas

Preparadas na brasa, as sardinhas adquirem um delicioso sabor defumado. Por isso, sempre que possível, tento prepará-las dessa forma. O segredo para se obter um bom resultado é não deixar que as brasas estejam muito quentes quando se põem as sardinhas na grelha. Os carvões devem estar cinzentos e com um pouco de cinzas, passando um bom calor para cima.

Sardinhas na brasa com tzatziki

O TZATZIKI PODE SURPREENDER como acompanhamento para as sardinhas. Mas acho que funciona bem, pois a acidez do limão e do iogurte ajuda a contrabalançar a gordura do peixe. Faça com uma ou duas horas de antecedência, a fim de dar tempo para os sabores se apurarem.

RENDIMENTO: 4-6 PORÇÕES

12 sardinhas muito frescas, limpas e sem as escamas
azeite de oliva para regar
sal e pimenta-do-reino

Tzatziki:
1 pepino
2 dentes de alho, sem a casca, ralados
350 g de iogurte grego*
suco de 1/2 limão, ou a gosto
2 colheres (sopa) de azeite de oliva extravirgem

Para servir:
azeite de oliva extravirgem, para regar
1 punhado pequeno de folhas picadas de hortelã

* Para fazer o iogurte grego, deixe iogurte integral natural dentro de um pano de um dia para o outro, escorrendo. O que fica dentro do pano é o iogurte grego. O líquido que escorreu pode ser usado para outros fins. (N. T.)

Descasque o pepino, parta ao meio no sentido do comprimento e tire as sementes. Rale grosseiramente, polvilhe 1 colher (chá) de sal e coloque em uma peneira sobre uma vasilha. Deixe escorrer por mais ou menos uma hora e depois aperte com as mãos para tirar o máximo possível de água.

Misture o pepino ralado com o alho, o iogurte, o suco de limão e o azeite de oliva em uma vasilha. Tempere com sal e pimenta-do-reino a gosto, cubra e ponha na geladeira.

Acenda a churrasqueira e deixe as brasas ficarem cinzentas (veja as páginas anteriores). Ou, se estiver trabalhando dentro de casa, aqueça a grelha até ficar bem quente. Lave as sardinhas, enxugue e esfregue com uma mistura de um pouco de azeite de oliva, sal e pimenta-do-reino. Coloque as sardinhas na grelha e asse por cerca de 3 minutos de cada lado, até a carne ficar firme, mas soltando-se das espinhas com facilidade.

Espalhe as sardinhas assadas por uma travessa e sirva com o tzatziki ao lado. Arremate com um fio de azeite de oliva extravirgem e a hortelã picada.

Lula recheada com tomate e arroz com ervas

TRATA-SE DE UMA DAQUELAS GOSTOSAS receitas em que juntamos todos os ingredientes na mesma panela. As lulas são recheadas com uma mistura de arroz, tomate, cebola e ervas frescas. O excesso de recheio também é colocado na panela e cozinha ao mesmo tempo. Para dar um toque de doçura e melhorar a textura, junte um pouco de uvas-passas e pinoli à mistura de arroz. Pode-se também misturar uns dois tomates picados para dar um pouco de acidez ao molho.

RENDIMENTO: 5 PORÇÕES

10 lulas pequenas, limpas, os tentáculos reservados
azeite de oliva, para regar

Recheio:

2 colheres (sopa) de azeite de oliva
1 cebola roxa, sem a casca, muito bem picada
2 dentes de alho, sem a casca, muito bem picados
100 ml de vinho branco seco
300 g de arroz de grãos longos
4 tomates, sem a pele e sem as sementes, picados
1 colher (chá) de açúcar
sal e pimenta-do-reino
850 ml de água
1 punhado de folhas de hortelã picadas
1 punhado de folhas de salsa picadas, e mais um pouco para servir

Comece pelo recheio. Aqueça o azeite de oliva em uma panela larga sobre fogo médio e adicione cebola e alho. Refogue devagar, por 6-8 minutos, até cebola e alho ficarem macios, mas sem tomar cor. Aumente um pouco o fogo e acrescente o vinho. Ferva até reduzir o líquido pela metade e ponha o arroz. Mexa sem parar durante um minuto.

Junte os tomates, o açúcar e um pouco de sal e pimenta-do-reino. Acrescente 600 ml de água, tampe e cozinhe por 12-15 minutos, até a água ser absorvida e o arroz estar fofinho. Tire do fogo e deixe descansar por 5 minutos. Mexa o arroz com um garfo e, quando esfriar, junte a hortelã e a salsa picadas.

Preaqueça o forno a 180 graus. Cuidadosamente, recheie as bolsas das lulas com a mistura de arroz e passe um palito de madeira pelo topo de cada uma, para manter o recheio no lugar. Coloque as lulas recheadas em uma travessa untada com azeite.

Junte os tentáculos e o arroz que tenha sobrado à travessa e espalhe os 250 ml de água restantes por cima. Regue com azeite de oliva e leve ao forno por 30-35 minutos, até a lula estar macia e bem assada. Espalhe um pouco de salsa picada antes de servir.

Moussaka

NESTA MINHA VERSÃO DESTE PRATO tão popular, distribuo em camadas as berinjelas e os molhos de carne e de queijo e cubro com uma camada de queijo ralado, como em uma lasanha italiana. Apesar de não ser autêntica, acho que a inclusão do queijo ralado deixa o prato ainda mais delicioso.

RENDIMENTO: 4 PORÇÕES

3-4 colheres (sopa) de azeite de oliva, e mais um pouco para pincelar
3 cebolas grandes, descascadas e muito bem picadas
4 dentes de alho, descascados e muito bem picados
1 kg de carne de carneiro magra moída
sal e pimenta-do-reino
200 ml de vinho tinto
4 colheres (sopa) de purê de tomate
800 g de tomates picados, sem a pele e sem as sementes
2 paus de canela
1/2 colher (chá) de pimenta-da-jamaica moída
1 punhado pequeno de folhas de orégano picadas
2 berinjelas grandes

Molho de queijo:
75 g de manteiga
75 g de farinha de trigo
600 ml de leite integral
150 g de queijo cheddar ralado
2 ovos médios batidos

Aqueça o azeite de oliva em uma panela grande sobre fogo médio. Coloque a cebola e o alho e deixe até ficarem macios e começarem a tomar cor. Aumente um pouco o fogo e ponha a carne moída, com um pouco de sal e pimenta-do-reino. Frite, mexendo sempre, até a carne ficar dourada por igual. Junte o vinho e ferva até quase todo o líquido desaparecer. Acrescente purê de tomate, tomate, canela, pimenta-da-jamaica e orégano. Cozinhe por 30-35 minutos, mexendo de vez em quando.

Corte a berinjela em fatias de 1,5-2 cm de espessura. Pincele generosamente cada fatia com azeite de oliva e espalhe sal e pimenta-do-reino. Ponha uma frigideira sobre fogo alto e frite os pedaços de berinjela, em etapas, 2 minutos de cada lado, até ficarem levemente dourados.

Aqueça o forno a 200 graus. Derreta a manteiga em uma panela antiaderente, adicione a farinha e doure, mexendo com uma colher de pau, por um minuto ou dois. Baixe ligeiramente o fogo e adicione o leite, um pouquinho de cada vez. Deixe em fogo lento por 8-10 minutos e acrescente 100 g do queijo ralado e um pouco de sal e pimenta-do-reino. Tire do fogo, deixe esfriar um pouco e junte os ovos, batendo.
Pegue uma travessa refratária funda de 2 litros e ponha uma camada de berinjelas no fundo, usando um terço do total. Descarte os paus de canela e espalhe metade da carne moída sobre as berinjelas, com uma colher. Também a colheradas, cubra com o molho de queijo. Repita, formando novas camadas, e termine com uma camada de berinjelas, coberta pelo restante do molho de queijo. Deixe no forno por 35-45 minutos, até estar dourado e formar bolhas no alto. Deixe descansar uns 5 minutos antes de servir.

Costeletas de cordeiro com **molho avgolemono**

DEIXAR AS COSTELETAS DE CORDEIRO com orégano em um vinagrete puxado no alho melhora fantasticamente seu sabor, e servi-las com um molho avgolemono, com seu toque de limão, deixa-as ainda mais gostosas. Este molho, muito delicado, pode ser usado também em verduras e em outros tipos de carne grelhada.

RENDIMENTO: 4-6 PORÇÕES

12 costeletas de cordeiro, com cerca de 180 g cada uma
150 ml de azeite de oliva
75 ml de vinagre de vinho tinto
2 colheres (chá) de orégano seco
4 dentes de alho, sem a casca, levemente amassados
sal e pimenta-do-reino

Para o molho avgolemono:
250 ml de caldo de galinha
3 gemas de ovos grandes
suco de 2 limões sicilianos grandes
folhas picadas de alguns raminhos de orégano

Distribua as costeletas, em uma só camada, em uma travessa que possa ir ao forno. Em uma tigela, bata juntos o azeite de oliva, o vinagre, o orégano seco, o alho e um pouco de sal e pimenta-do-reino. Espalhe a mistura sobre as costeletas e vire-as para impregnar bem. Cubra com filme plástico e coloque por 2-3 horas na geladeira. Tire da geladeira 30 minutos antes de levar ao fogo, para voltar à temperatura ambiente.

Ponha o caldo de galinha em uma panela e deixe cozinhar devagar sobre fogo lento. Com uma batedeira manual, bata as gemas em uma vasilha grande até ficarem claras e espumosas. Junte o suco de limão e bata mais um minuto. Devagar, adicione esta mistura ao caldo quente. Tome cuidado para não aquecer demais, pois pode talhar. Continue a bater até o molho engrossar e adquirir uma consistência capaz de aderir à carne. Adicione o orégano fresco. Tire do fogo e tempere com sal e pimenta-do-reino a gosto. Ponha em uma jarra aquecida e mantenha quente.

Aqueça a grelha para a temperatura mais alta. Coloque as costeletas e deixe por 15-20 minutos, dependendo da espessura, virando na metade desse tempo. Se gostar de algo entre no ponto e malpassado, as costeletas devem mostrar-se quase firmes ao serem tocadas.

Sirva as costeletas imediatamente, com o molho avgolemono e verduras de sua preferência.

Spanakopita

ESTA TORTA COM RECHEIO de espinafre e queijo feta é provavelmente a torta salgada mais popular da cozinha grega. É uma receita do dia a dia e quase sempre comida como lanche. Prefiro servi-la como prato principal de uma refeição ou acompanhando carneiro assado.

RENDIMENTO: 4 PORÇÕES

2 colheres (sopa) de azeite de oliva
2 cebolas grandes, pouco ardidas, descascadas e picadas
sal e pimenta-do-reino
500 g de folhas de espinafre, lavadas e secas
noz-moscada
250 g de queijo feta, amassado
2 ovos grandes
200 ml de creme de leite, bem espesso
50 g de pinoli tostados
100 g de manteiga, derretida
14 folhas de massa filo

Aqueça o azeite de oliva em uma frigideira sobre fogo médio. Ponha a cebola e um pouquinho de sal e pimenta-do-reino. Deixe por 6-8 minutos, mexendo frequentemente, até a cebola ficar macia, mas sem tomar cor. Passe para uma vasilha grande.

Divida as folhas de espinafre. Vá pondo cada montinho em uma panela grande, sobre fogo de médio para alto. Deixe apenas até as folhas murcharem. Passe, então, para um escorredor. Pressione o espinafre com as costas de uma concha escumadeira, para extrair o máximo de líquido possível. Deixe esfriar um pouco e pique.

Misture o espinafre à cebola e rale um pouco de noz-moscada por cima. Adicione o feta, os ovos e o creme de leite. Tempere com uma pitada generosa de pimenta-do-reino e uma pitada pequena de sal, pois o feta já é salgado. Finalmente, misture os pinoli. Guarde na geladeira até a hora de usar.

Preaqueça o forno a 200 graus. Pincele a base de uma travessa grande com um pouco da manteiga derretida. Espalhe dez folhas de filo na travessa, pincelando cada uma com manteiga e inclinando para escorrer o excesso. Ponha a mistura de feta e espinafre às colheradas sobre a massa e dobre qualquer pedaço de filo que esteja sobrando dos lados sobre o recheio. Arrume as folhas de filo que sobraram por cima, pincele generosamente com manteiga e faça desenhos para ficar bem bonito.

Deixe no forno por 50-60 minutos, até o topo da torta estar dourado e o recheio, bem acomodado. Para testar, espete um palito no meio. O recheio não deve escorrer demais.

Deixe descansar por pelo menos 10 minutos antes de cortar. Sirva quente ou em temperatura ambiente.

Bolo de nozes

ENVOLVIDO POR UMA AROMÁTICA CALDA de especiarias logo que sai do forno, este bolo clássico é úmido e saboroso. Conhecido na Grécia como *karydopita*, é com frequência preparado sem nenhuma farinha, mas acho que juntar um pouquinho à massa o torna mais leve. Fica melhor servido com uma generosa porção de iogurte grego e com um chá ou café forte à moda grega para contrabalançar o doce.

RENDIMENTO: 4 PORÇÕES

manteiga amolecida, para untar
5 ovos grandes, claras e gemas separadas
2 colheres (sopa) de conhaque
a casca ralada e o suco de 1 laranja
90 g de açúcar branco refinado
1/2 colher (chá) de canela em pó
1/4 de colher (chá) de cravo moído
20 g de farinha de trigo com fermento, peneirada
2 colheres (chá) de fermento em pó
35 g de farinha de rosca branca
175 g de nozes picadas

Para a calda:
125 g de açúcar branco refinado
150 ml de água
3 cravos
1 pau de canela
suco e a parte fina da casca de 1 limão

Preaqueça o forno a 190 graus. Unte com manteiga a base e os lados de uma forma de 22 cm, de preferência com fundo removível.

Em uma vasilha grande, bata as gemas, o conhaque, a casca e o suco da laranja, até a mistura ficar macia e cremosa.

Ponha açúcar, canela, cravo, farinha de trigo, fermento, farinha de rosca e 150 g das nozes em um processador. Moa até formar uma farofa fina. Passe a mistura para uma vasilha grande. Em outra vasilha, bata as claras em neve.

Junte a mistura de gemas à mistura de farinhas. Em seguida, cuidadosamente, incorpore as claras, mexendo com uma colher grande de metal até tudo ficar bem misturado.

Ponha na forma e asse durante 40 minutos. Para testar, fure o centro com um palito. Se sair limpo, está bom. Se não, deixe no forno por mais alguns minutos.

Prepare a calda enquanto o bolo está no forno. Ponha todos os ingredientes em uma panela e deixe em fogo médio até o açúcar se dissolver. Depois que ferver, deixe por mais 5 minutos. Deixe esfriar completamente e passe, através de uma peneira, para uma jarra. Pique o restante das nozes em pedaços pequenos.

Quando o bolo estiver pronto, tire do forno e perfure toda a superfície com um espeto fino. Espalhe o restante das nozes e vá distribuindo a calda já fria, com uma colher, sobre o bolo quente. Deixe esfriar antes de tirar da forma e servir.

Melancia frita com iogurte e nozes caramelizadas

OS GREGOS APRECIAM MUITO A MELANCIA doce e suculenta. No auge da safra dessa fruta, no fim de agosto, ela é servida no café da manhã, oferecida com queijo feta e azeitonas em uma salada na hora do almoço e, naturalmente, aparece como sobremesa. Gosto de fritar fatias de melancia, para realçar sua doçura natural, e servi-las com nozes caramelizadas no mel e iogurte bem espesso, criando uma sobremesa tentadora.

RENDIMENTO: 4 PORÇÕES

1 melancia média ou 2 pequenas
um pouquinho de azeite de oliva
açúcar de confeiteiro
400-500 g de iogurte grego*

Nozes caramelizadas:
15 g de manteiga
65 g de mel
100 g de nozes

Forre uma assadeira com papel-manteiga. Coloque a manteiga e o mel em uma panela pequena de base pesada e ponha sobre fogo médio. Deixe por 2-3 minutos, até a manteiga derreter. Junte as nozes, mexendo para que fiquem bem cobertas. Mantenha no fogo por mais um minuto ou dois, até a mistura começar a borbulhar e ficar com uma cor castanho-dourada. Espalhe com cuidado na assadeira forrada e deixe descansar por 1-2 horas. (Não espere que as nozes fiquem quebradiças como em um praliné, elas vão estar mais macias.) Quebre em pedaços pequenos com as mãos e guarde em uma vasilha que feche hermeticamente.

Pouco antes da hora de servir, corte a melancia em triângulos ou quadrados de 3-4 cm de espessura. Aqueça um pouquinho de azeite de oliva em uma frigideira antiaderente sobre fogo alto. Polvilhe os pedaços de melancia dos dois lados com açúcar de confeiteiro e ponha na frigideira, fritando um minuto e meio de cada lado. Passe para um prato aquecido e repita a operação até terminarem os pedaços.

Coloque um pedaço de melancia em cada prato, acrescente uma porção generosa de iogurte e espalhe as nozes caramelizadas. Sirva imediatamente.

* Para fazer o iogurte grego, ponha iogurte integral natural dentro de um pano de um dia para o outro, escorrendo. O que ficar dentro do pano é o iogurte grego. O líquido que escorreu pode ser usdo para outros fins. (N. T.)

ESPANHA

GOSTO MUITO DE VISITAR A ESPANHA E PASSEI MUITO TEMPO EM SAN SEBASTIÁN. ARZAK, UM RENOMADO RESTAURANTE FAMILIAR DESSA CIDADE, É UM DOS POUCOS EM QUE UMA MULHER CHEFE DE COZINHA OSTENTA AS TRÊS ESTRELAS DO GUIA MICHELIN. A CATALUNHA, POR SUA VEZ, É A CASA DO FAMOSO RESTAURANTE EL BULLI, DE FERRAN ADRIÀ, ONDE OS PRATOS NUNCA DEIXAM DE ME SURPREENDER. PORÉM, O QUE REALMENTE MAIS ME ATRAI NA COZINHA ESPANHOLA SÃO OS PRAZERES RÚSTICOS E SINGELOS – UMA GRANDE PAELLA OU, TALVEZ, UM PEIXE OU MARISCOS COZIDOS DE MANEIRA BEM SIMPLES. ALÉM DISSO, ADORO O COSTUME DAS TAPAS ESPANHOLAS. ESSA FOI A INSPIRAÇÃO DE NOSSO RESTAURANTE MAZE, ONDE SÃO SERVIDOS APENAS PRATOS PEQUENOS, PARA QUE O VISITANTE POSSA APRECIAR UM JANTAR COMPOSTO POR DIVERSAS RECEITAS DIFERENTES.

Sopa gelada de amêndoas e alho com uvas

UMA VISÃO MOURISCA DO GAZPACHO, onde amêndoas, alho e pão tomam o lugar do tomate e das verduras. Um punhado de uvas e amêndoas torradas acrescentado a cada prato ajuda a equilibrar a delicada cremosidade da sopa.

RENDIMENTO: 4 PORÇÕES

200 g de pão branco rústico de boa qualidade
150 g de amêndoas sem a pele
1 dente de alho grande, sem a casca, picado
200 ml de azeite de oliva extravirgem de boa qualidade para regar (opcional)
1,5-2 colheres (sopa) de vinagre de vinho xerez
350-400 ml de água gelada

Para servir:
160 g de uvas brancas sem sementes, cortadas ao meio
2 colheres (sopa) de amêndoas torradas, em lâminas ou pedaços pequenos
alguns cubos de gelo (opcional)

Tire as cascas do pão, corte em cubinhos e ponha em uma tigela. Derrame água fria, apenas o suficiente para cobrir, e deixe de molho por 2-3 minutos. Aperte o pão para tirar o excesso de água.

Ponha o pão no processador ou liquidificador. Junte amêndoas, azeite de oliva, alho e vinagre de xerez. Bata até formar uma pasta macia. Ainda com o motor funcionando, acrescente devagar a água gelada até a sopa adquirir a consistência de um creme espesso. Se preferir mais rala, junte um pouco mais de água. Ponha em uma vasilha, tampe e leve à geladeira até ficar bem gelado.

Para servir, distribua a sopa por pratos gelados e arrume as metades de uvas e amêndoas torradas. Se quiser, ponha um cubo de gelo em cada prato e regue com um fio de azeite de oliva extravirgem antes de servir.

Camarões no alho

ESTE PRATO SIMPLES, DE ORIGEM CATALÃ, é servido como tapa em toda a Espanha. Para obter um resultado saboroso e suculento, use camarões muito frescos. Coma com as mãos e não se esqueça de pôr na mesa um prato para as cascas e tigelinhas individuais de água com limão para se lavarem os dedos.

RENDIMENTO: 4 PORÇÕES

600 g de camarões grandes, crus
4 colheres (sopa) de azeite de oliva
5-6 dentes de alho, descascados, em fatias finas
2 pimentas vermelhas secas, bem picadas
sal e pimenta-do-reino

Para servir:
algumas folhas de salsa picadas
fatias de limão

Deixe os camarões com as cascas ou, se quiser, descasque e tire a tripa, mas sem arrancar as caudas.

Aqueça o azeite de oliva em uma frigideira grande. Ponha o alho, a pimenta seca, uma pitada de sal e outra de pimenta-do-reino. Frite em fogo entre médio e baixo durante cerca de 1 minuto, até o alho começar a tomar cor levemente. Ponha os camarões imediatamente. Aumente o fogo. Frite por cerca de um minuto e meio cada lado, até ver um tom vermelho forte, mas opaco.

Arrume os camarões em uma travessa aquecida ou em pratinhos individuais, regue com o azeite e o alho da frigideira e salpique um pouco de salsa picada. Sirva imediatamente, com fatias de limão e pão bem crocante.

Favas com **presunto ibérico**

ESTA COMBINAÇÃO ESPANHOLA CLÁSSICA é uma das tapas mais fáceis. Recomendo o uso de presunto ibérico, pois não há nada que se compare ao seu excelente sabor, que lembra delicadamente nozes e castanhas.

RENDIMENTO: 4 PORÇÕES

500 g de favas, de preferência tiradas das vagens na hora (se usar congeladas, descongele antes.)
sal e pimenta-do-reino
3 colheres (sopa) de azeite de oliva
100 g de presunto ibérico, em cubinhos
1 cebola, descascada, bem picada
2 dentes de alho, descascados, bem picados
1 colher (sopa) de salsa picada

Ponha as favas em uma panela de água fervente com sal. Deixe por 2-3 minutos, depois que a água voltar a ferver, até as favas começarem a amaciar. Escorra e coloque sob água corrente para resfriar. Escorra outra vez.

Aqueça o azeite de oliva em uma frigideira. Ponha o presunto e frite, mexendo sem parar, por 2-3 minutos. Junte a cebola e o alho e frite devagar, por uns 6-8 minutos, até ficarem macios, mas sem tomar cor. Junte as favas aferventadas e deixe no fogo por 2-3 minutos. Tempere com sal e pimenta-do-reino a gosto.

Transfira para uma travessa aquecida, espalhe a salsa picada e sirva acompanhado de pão rústico torradinho.

Tortilla

A FAMOSA TORTILLA ESPAÑOLA atingiu o status de prato nacional. Existem vários tipos de tortilla. Em Valencia, são feitas frequentemente com arroz e presunto. Em Granada, a popular tortilla del Sacromonte é preparada com testículos de touro e miolo de vaca. A receita seguinte, muito simples, tem como base uma tortilla típica de Madri.

RENDIMENTO: 8 PORÇÕES

- 900 g de batatas médias
- 100 ml de azeite de oliva
- 1 cebola grande, descascada, em rodelas finas
- sal e pimenta-do-reino
- 6 ovos grandes

Descasque as batatas. Corte em rodelas finas. Aqueça o azeite de oliva em uma panela larga, de base pesada. Coloque a batata, a cebola e um pouco de sal e pimenta-do-reino. Sacuda um pouco para o azeite envolver tudo. Baixe o fogo e frite por 15-20 minutos, mexendo de vez em quando para evitar que a batata grude no fundo da panela.

Quando a batata e a cebola ficarem macias, mas sem tomar cor, tire a panela do fogo. Escorra o excesso de azeite para uma vasilha e reserve. Bata os ovos ligeiramente em uma tigela grande. Tome cuidado para não bater demais. Ponha a batata ligeiramente coberta de azeite no ovo batido. Deixe descansar por alguns minutos.

Aqueça 2-3 colheres (sopa) do azeite reservado em uma frigideira antiaderente de 25-26 cm e coloque o ovo com as batatas. Balance para espalhar por igual. Deixe cozinhar em fogo baixo uns por 5-6 minutos, até a base começar a ficar dourada e a tortilla separar-se dos lados da frigideira.

Com cuidado, vire a tortilla para fritar o outro lado. Para fazer isso, passe uma espátula flexível resistente ao calor pelos lados da tortilla, ponha um prato invertido sobre a frigideira e vire com cuidado. Com a espátula, ponha de volta o ovo na frigideira, com o lado dourado para cima. Deixe no fogo por mais alguns minutos para cozinhar o outro lado. Se quiser que o centro fique úmido e um pouco líquido, deixe menos tempo.

Passe cuidadosamente a tortilla para uma travessa e deixe esfriar, pois este prato fica melhor servido à temperatura ambiente. Sirva cortado em fatias como tapa ou, acompanhado por uma salada mista, como um apetitoso almoço.

Paella com **frango** e **linguiça**

Originária de Valencia, a paella, hoje, é preparada em todas as regiões da Espanha. Há centenas de receitas, usando praticamente todos os ingredientes que combinam com arroz. A paella valenciana tradicional inclui frango, coelho e caramujos, enquanto a paella matrisco, com frutos do mar, é mais comum em áreas próximas ao litoral. Tente achar um arroz próprio para paella, que absorva melhor o caldo perfumado com o açafrão do que o arroz de grãos longos.

RENDIMENTO: 4-6 PORÇÕES

400 g de arroz de grãos médios próprio para paella, como Bomba ou Calasparra
6 sobrecoxas de frango sem pele e sem osso, cerca de 600 g
sal e pimenta-do-reino
250 g de linguiça chorizo crua, sem a pele
3 colheres (sopa) de azeite de oliva
1 pimentão vermelho picado, sem o centro e as sementes
1 pimentão verde picado, sem o centro e as sementes
6 dentes de alho, sem a pele, muito bem picados
125 ml de vinho branco seco
1 litro de caldo de galinha
1 pitada de açafrão
1/2 colher (chá) de páprica
100 g de ervilha em grão
6 tomates grandes picados, sem a pele e sem sementes
1 punhado de folhas de salsa picadas
fatias de limão para servir

Lave bem o arroz. Escorra e reserve. Corte o frango em pedacinhos pequenos e tempere com sal e pimenta-do-reino. Divida a linguiça em fatias grossas.

Aqueça o azeite de oliva em uma panela grande – ou em uma panela própria para paella, se tiver – e doure muito bem os pedacinhos de frango. Passe para um prato e reserve. Ponha a linguiça, doure por 2 minutos e junte o pimentão e o alho. Deixe 3-4 minutos, mexendo com frequência, até o pimentão começar a amaciar.

Adicione o arroz e, sempre mexendo, frite os grãos por alguns minutos. Acrescente o vinho e deixe ferver um pouco, até reduzir o líquido à metade. Junte o caldo, o açafrão e a páprica. Quando ferver, coloque os pedacinhos de frango na panela e baixe o fogo. Cozinhe durante 15 minutos, mexendo de vez em quando.

Adicione a ervilha e o tomate picado, mantendo em fogo bem baixo mais 10 minutos, ainda mexendo com frequência. Quando o arroz estiver cozido, mas ainda um pouco resistente, tire do fogo e deixe de lado por alguns minutos.

Espalhe a salsa picada sobre a paella e leve à mesa. Sirva com fatias de limão.

Ensopado de merluza basca com batatas

A MERLUZA BASCA É UM PEIXE de pele escura, com a carne firme e gostosa. Pescada no golfo de Biscaia, é considerada uma iguaria na região e pode custar muito caro. A merluza basca está ficando cada vez mais rara. Por isso, quando preparo este prato em casa, uso a merluza do Cabo, mais sustentável, trazida da África do Sul.

RENDIMENTO: 4 PORÇÕES

- 750 g de filés de merluza
- 4 dentes de alho, sem a casca
- 5 colheres (sopa) de azeite de oliva
- 1 colher (sopa) de páprica doce
- 125 ml de vinho branco seco
- 1 cebola grande, sem a casca, em fatias finas
- 500 g de batatas novas, descascadas, partidas em quatro
- sal e pimenta-do-reino
- 200 g de ervilhas em grão

Remova as espinhas que encontrar no peixe. Corte-o em pedaços de 5 cm e reserve. Corte 2 dentes de alho em fatias finas. Esquente 3 colheres (sopa) de azeite de oliva em uma frigideira. Frite o alho fatiado, devagar, até ficar levemente dourado. Tire do fogo e deixe esfriar um pouco antes de acrescentar a páprica, seguida pelo vinho. Deixe de lado para misturar os sabores enquanto você prepara o restante do prato.

Divida por quatro os dois dentes de alho restantes. Ponha cebolas, batatas, quartos de alho e o restante do azeite de oliva em uma caçarola. Junte o vinho com alho e páprica e água apenas o suficiente para cobrir tudo. Tempere com sal e pimenta-do-reino e ponha no fogo. Ferva rapidamente por 8-10 minutos e acrescente os pedaços de peixe e as ervilhas. Baixe o fogo e deixe ferver devagar por 3-5 minutos, até as batatas e o peixe estarem apenas cozidos. Prove e ajuste o sal e a pimenta-do-reino.

Distribua por pratos aquecidos e sirva imediatamente, com bastante pão rústico para raspar os fundos dos pratos.

Bacalhau com molho romesco

O ROMESCO TEM ORIGEM NA CATALUNHA, onde é servido com frequência como molho ou acompanhamento. Dou aqui uma receita na qual generosas porções de romesco cobrem filés de bacalhau assado. É uma maneira simples, saudável e gostosa de preparar qualquer peixe de carne branca.

RENDIMENTO: 4 PORÇÕES

- 4 filés grossos de bacalhau, com a pele, com cerca de 175 g cada um
- 3 colheres (sopa) de azeite de oliva
- 100 g de amêndoas, sem a pele
- 3-4 dentes de alho, sem a casca, em fatias finas
- 1 cebola, sem a casca, bem picada
- 1 pitada de pimenta vermelha seca em flocos, a gosto
- 6 tomates maduros, sem a pele, bem picados
- 1 folha de louro
- sal e pimenta-do-reino
- 85 g de pão branco de boa qualidade (cerca de 2 fatias), sem a casca, torrados e picados
- 2 colheres (sopa) de salsa picada, e mais um pouco para finalizar
- 3-4 colheres (sopa) de água
- 3 colheres (sopa) de vinagre de vinho xerez

Examine bem os filés em busca de restos de espinhas. Retire as que encontrar com pinças de cozinha. Guarde-os na geladeira até a hora de usar.

Preaqueça o forno a 180 graus. Esquente o azeite de oliva em uma frigideira grande e ponha as amêndoas e o alho. Frite devagar até ficarem levemente dourados. Tire com uma escumadeira, ponha em um prato e reserve.

Coloque a cebola na frigideira e frite devagar até ficar levemente dourada. Adicione a pimenta vermelha, o tomate e o louro. Misture bem e tempere com sal e pimenta-do-reino. Deixe no fogo por uns 10 minutos, até os tomates amolecerem.

Ponha as amêndoas com o alho, o pão e a salsa no liquidificador ou processador com uma colher (sopa) de água. Bata até formar uma pasta grossa e despeje sobre o tomate, junto com mais 2-3 colheres (sopa) de água. Acrescente o vinagre, prove e ajuste o sal e a pimenta-do-reino, se necessário.

Distribua os filés de peixe em uma travessa, espalhe por cima o molho romesco; cubra, não muito apertado, com papel-alumínio e leve ao forno por 15-20 minutos. O tempo vai depender da espessura do peixe. Deixe até ficar no ponto. Sirva na própria travessa, com salsa picada por cima.

Bolinhos de carne em molho de tomate

AS ALBONDIGAS, OS BOLINHOS DE CARNE ESPANHÓIS, são servidas como tapas em todo o país e, também, como um fantástico prato principal de uma refeição, servidas com arroz ou simplesmente com pão rústico, para embeber no molho.

RENDIMENTO: 4-5 PORÇÕES

Para os bolinhos:
500 g de carne moída
1 cebola, sem a casca, muito bem picada
1 dente de alho, sem a casca, bem picado
60 g de farinha de rosca clara
25 g de queijo manchego (ou cheddar) ralado
2 colheres (sopa) de folhas de salsa picadas, e mais um pouco para finalizar
sal e pimenta-do-reino
1 ovo grande, ligeiramente batido
2 colheres (sopa) de azeite de oliva

Para o molho:
2 colheres (sopa) de azeite de oliva
1 cebola, descascada, muito bem picada
1 dente de alho, sem a casca, bem picado
120 ml de vinho branco seco
800 g de tomate picado, sem a pele e as sementes
100 ml de água
1-2 colheres (chá) de açúcar

Para fazer os bolinhos de carne, ponha carne moída, cebola, alho, farinha de rosca, queijo ralado e salsa picada em uma tigela grande. Misture bem, formando uma massa uniforme. Tempere bem com sal e pimenta-do-reino e acrescente o ovo batido, misturando com as mãos. Tire um pedacinho de massa, forme uma bola e frite em uma frigideira com azeite de oliva até ficar bem passado. Prove para verificar o tempero e, se for o caso, ajuste o sal e a pimenta-do-reino do restante da massa.

Com as mãos úmidas, divida a mistura em cerca de 16 bolinhos, tentando não pressionar demais a carne. Arrume em um prato grande, cubra com filme plástico e coloque na geladeira por pelo menos 30 minutos, para ficarem firmes.

Prepare o molho de tomate. Aqueça o azeite de oliva em uma frigideira, junte o alho e a cebola e frite devagar até ficarem levemente dourados. Aumente um pouco o fogo e derrame o vinho. Deixe ferver até reduzir à metade e acrescente o tomate, a água e o açúcar. Tempere com sal e pimenta-do-reino. Deixe por 10-15 minutos, até o tomate ficar macio, e tire a panela do fogo.

Aqueça o azeite de oliva dos bolinhos de carne em uma frigideira grande e larga. Coloque os bolinhos gelados e frite por uns 5 minutos, virando constantemente, até ficarem castanhos por igual. Derrame o molho de tomate e deixe por 10-15 minutos, até os bolinhos estarem bem cozidos.

Distribua os bolinhos e o molho por pratos aquecidos. Espalhe salsa picada por cima antes de servir.

Calda de laranja e caramelo

Ponha o açúcar demerara em uma panela antiaderente seca, de base pesada, e coloque sobre fogo alto. Mexa a panela para que o açúcar derreta por igual. Quando todo o açúcar estiver derretido, formando um caramelo castanho-dourado, acrescente devagar o suco de laranja, cuidando para não espirrar. Não se preocupe se o caramelo quente endurecer em contato com o suco frio. Mantenha em fogo baixo e mexa a panela até o caramelo derreter e a mistura ficar macia. Tire do fogo.

Laranjas no caramelo com creme de xerez

ESTA SOBREMESA ELEGANTE E REFRESCANTE é uma forma ideal de encerrar uma grande refeição. Para dar um toque final incomum, acrescentei um pouco de casca de laranja cristalizada. Mas, se quiser uma sobremesa mais prática, pode omitir esse item. Se você fizer a casca de laranja cristalizada e sobrar um pouco, guarde para usar em outras sobremesas ou doces.

RENDIMENTO: 4 PORÇÕES

6 laranjas
75 g de açúcar demerara
100 ml de suco de laranja

Casca de laranja cristalizada:
casca fina cortada em tirinhas de 3 das 6 laranjas
250 ml de água
150 g de açúcar

Creme de xerez:
50 ml de creme de leite bem grosso
2 colheres (sopa) de açúcar de confeiteiro, peneirado
1-2 colheres (sopa) de vinho xerez
alguns galhinhos de hortelã, para decorar

Para fazer a casca de laranja cristalizada, remova todas as partes brancas, pois elas são muito amargas, e corte as cascas em tirinhas finas. Ponha a água em uma panela pequena, adicione o açúcar e coloque sobre fogo médio, mexendo frequentemente. Coloque a casca de laranja, cubra parcialmente a panela e deixe cozinhar em fogo entre médio e baixo por 40-50 minutos, até a casca ficar macia. Reserve, deixando a casca esfriar dentro do xarope.

Corte o topo e a base das laranjas, inclusive das 3 das quais tirou a casca. Tire todas as cascas e partes brancas, seguindo a curva das frutas. Vire cada uma de lado e corte em fatias de 1 cm de espessura. Distribua pelos pratinhos nos quais vai servir e leve à geladeira.

Prepare a calda de laranja e caramelo, seguindo as instruções das páginas anteriores. Deixe esfriar completamente.

Para fazer o creme, bata o creme de leite e o açúcar de confeiteiro em uma vasilha grande, até começar a endurecer. Perfume com o xerez a gosto e bata mais um pouco. Cubra e reserve, deixando na geladeira.

Para servir, distribua a calda de caramelo sobre as fatias de laranja e acrescente uma colherada do creme de xerez. Distribua um pouco de casca de laranja cristalizada por cima e finalize com um raminho de hortelã. Sirva imediatamente.

Crema **catalana**

ESTA DELICIOSA SOBREMESA é semelhante ao crème brûlée francês, mas tem uma consistência mais fina e suave. A receita tem papel importante na cozinha catalã. Tradicionalmente, é preparada pela matriarca da família e servida apenas no Dia de São José, 19 de março. Depois de provar, certamente você vai ficar tentado a prepará-la mais de uma vez por ano.

RENDIMENTO: 4-5 PORÇÕES

- 4 gemas de ovos grandes
- 70 g de açúcar
- 2 colheres (sopa) de amido de milho, peneirado
- a casca muito bem ralada de 1 limão siciliano
- a casca muito bem ralada de 1 laranja
- 1 pau de canela
- 250 ml de leite integral
- 250 ml de creme de leite fresco bem espesso
- açúcar demerara, para polvilhar

Bata as gemas e o açúcar juntos em uma vasilha até a mistura ficar clara e cremosa. Misture o amido, as cascas raladas e, por último, o pau de canela. Continue a bater. Com cuidado, adicione devagar o leite e o creme, ainda batendo.

Transfira a mistura para uma panela de fundo pesado e leve ao fogo baixo, mexendo constantemente com uma colher de pau, até começar a endurecer e a aderir às costas da colher. A essa altura, você deverá estar sentindo uma resistência quando mexe a mistura. Não deixe esquentar demais, pois pode talhar.

Tire do fogo e passe através de uma peneira fina. Distribua por 4 ou 5 potinhos. Deixe esfriar completamente, coloque na geladeira e deixe lá até a hora de usar.

Um pouquinho antes de servir, espalhe uma camada fina de açúcar demerara no topo de cada potinho de creme. Caramelize, passando a chama de um dispositivo para flambar (maçarico) sobre a superfície. Se não tiver, coloque os potinhos em uma assadeira e as ponha sob a superfície de um dourador (grill), preaquecida ao máximo, e deixe lá até o açúcar ficar castanho-dourado. Qualquer que seja a forma escolhida, tome cuidado para não esquentar demais o creme. Sirva imediatamente.

GRÃ-BRETANHA

INFELIZMENTE, AS RECEITAS BRITÂNICAS TRADICIONAIS NÃO OBTIVERAM, NO CORRER DOS ANOS, A MESMA REPUTAÇÃO OBTIDA PELA COZINHA DE OUTROS PAÍSES. RECENTEMENTE, PORÉM, ALGUNS CHEFES MUITO TALENTOSOS COLOCARAM SEU FOCO NA HERANÇA NACIONAL E AJUDARAM A PÔR A COZINHA BRITÂNICA OUTRA VEZ NOS MENUS. TENTEI APOIAR ESTE MOVIMENTO, SERVINDO APENAS PRATOS BRITÂNICOS EM MEUS PUBS, E O RESULTADO FOI SURPREENDENTE. TEMOS ALGUNS DOS MELHORES INGREDIENTES DO MUNDO – PRECISAMOS APENAS VALORIZÁ-LOS E TIRAR O MÁXIMO DELES. ESPERO QUE QUEM VISITAR A GRÃ-BRETANHA VENHA A DESCOBRIR QUE HÁ MUITO MAIS NA CULTURA CULINÁRIA DO PAÍS DO QUE *FISH 'N' CHIPS*!

Sopa de aipo e queijo stilton com torradas de stilton

IDEAL PARA APROVEITAR SOBRAS DE QUEIJO STILTON, esta sopa é ótima para uma refeição no inverno. Pode servir como almoço, acompanhada das torradas de stilton e talvez uma salada de endívias, nozes e gomos de tangerina.

RENDIMENTO: 4 PORÇÕES

15 g de manteiga
2 aipos, com aproximadamente 700 g, as pontas aparadas, picados
1 cebola sem a casca, picada
sal e pimenta-do-reino
800 ml de caldo de galinha ou de legumes, quente
100 g de queijo stilton, esfarelado

Torradas de stilton:
60 g de queijo stilton, esfarelado
2 colheres (sopa) de *crème fraîche**
1 punhado de folhas de salsa, picadas
2 fatias de pão escuro, sem a casca

* Um substituto pode ser preparado misturando duas partes de creme de leite fresco com uma parte de creme azedo (N. T.)

Aqueça a manteiga e o azeite de oliva em uma panela média. Ponha o aipo, a cebola, sal e pimenta-do-reino e deixe no fogo por 8-10 minutos, mexendo frequentemente, até o aipo e a cebola ficarem macios. Ponha caldo suficiente apenas para cobrir e cozinhe por mais 3-5 minutos. Tire do fogo e deixe esfriar um pouco.

Ponha no liquidificador e faça um purê, em etapas, se necessário, juntando o queijo enquanto bate. Coloque outra vez na panela. Prove e acerte o tempero.

Para fazer as torradas, aqueça o grill a uma temperatura alta. Misture o queijo, o creme e a salsa em uma vasilha pequena. Tempere com um pouquinho de sal e uma boa pitada de pimenta-do-reino. Torre um pouquinho o pão dos dois lados. Espalhe a mistura de queijo e deixe debaixo do grill até o queijo derreter e formar bolhas. Corte as fatias na diagonal.

Aqueça a sopa e despeje em vasilhas aquecidas. Rale um pouco de pimenta-do-reino por cima. Sirva com as torradas.

Salada quente **escocesa de salmão defumado e agrião**

VOCÊ LEVA APENAS ALGUNS MINUTOS PARA MONTAR esta deliciosa salada. O salmão pode ser substituído por outro peixe defumado. Para um toque autenticamente britânico, use as saborosas batatas Jersey Royal, se encontrar.

RENDIMENTO: 4-6 PORÇÕES

500 g de batatinhas novas, escovadas
sal
300 g de salmão defumado escocês
1/2 cebola roxa, sem a casca, em fatias muito finas
as folhas picadas de um punhado de endro (aneto)
200 g de agrião fresco e macio

Molho:
2 colheres (sopa) de uísque
1/2 colher (sopa) de vinagre de vinho branco
1/2 colher (sopa) de mel
1/2 colher (sopa) de mostarda de grãos
3 colheres (sopa) de óleo de amendoim
3 colheres (sopa) de azeite de oliva
sal e pimenta-do-reino

Ponha as batatinhas em uma panela com água e sal. Depois que ferver, cozinhe por mais 8-10 minutos, até as batatas ficarem macias. Para experimentar, use a ponta de uma faca.

Enquanto as batatas cozinham, prepare o molho. Ponha uísque, vinagre, mel, mostarda, óleo e azeite em uma vasilha pequena que feche hermeticamente. Balance vigorosamente para misturar. Tempere com sal e pimenta-do-reino a gosto e deixe de lado.

Escorra as batatas e coloque em uma vasilha grande. Divida o salmão em lascas pequenas e acrescente à travessa. Acrescente também a cebola roxa e o endro. Regue com parte do molho e espalhe para tudo ficar coberto.

Ponha a mistura de salmão e batata em uma travessa grande. Distribua o agrião por cima. Regue com o restante do molho e sirva.

Ovo com **cogumelos silvestres** ao **forno**

OS COGUMELOS SILVESTRES TRANSFORMAM um prato simples de ovo em uma entrada sofisticada. Sirva com pão feito com bicarbonato saído do forno ou torradas quentes com manteiga. Este prato também é perfeito para um brunch. Neste caso, sirva dois ovos por pessoa e aumente um pouquinho as quantidades dos outros ingredientes.

RENDIMENTO: 4 PORÇÕES

- 20 g de manteiga, e mais um pouco para untar
- 400 g de cogumelos silvestres, limpos e cortados em tiras
- 2 cebolas grandes, sem as cascas, muito bem picadas
- folhas de alguns galhinhos de tomilho
- sal e pimenta-do-reino
- 4 ovos grandes
- 4 colheres (sopa) de creme de leite bem espesso
- 25 g de queijo cheddar curado, ralado

Ponha uma frigideira grande em fogo alto. Coloque a manteiga. Quando começar a fazer espuma, adicione cogumelos, cebolas e tomilho. Tempere com sal e pimenta-do-reino. Deixe no fogo por 3-5 minutos, mexendo constantemente.

Aqueça o forno a 180 graus. Unte ligeiramente com manteiga 4 formas para gratinar individuais e distribua os cogumelos entre elas. Abra um buraco no centro de cada uma e quebre cuidadosamente um ovo em cada um desses espaços. Espalhe o creme de leite em volta de cada ovo e ponha uma pitada de queijo por cima. Acrescente uma pitada de sal e rale um pouco de pimenta-do-reino.

Coloque as formas em uma assadeira e leve ao forno. Asse por 10-12 minutos, se quiser a gema líquida, ou mais 2 minutos se preferir a gema firme. Sirva imediatamente, com pão feito com bicarbonato ou torradas quentes com manteiga.

Torta de peixe com alho-poró e camarões

UMA TORTA DE PEIXE COM COBERTURA de batatas douradas sempre agrada a todos, especialmente nos meses mais frios. Geralmente, junto duas gemas de ovo à batata amassada. Elas contribuem para deixar a massa mais firme e dão um brilho muito bonito.

RENDIMENTO: 6 PORÇÕES

- 1 cebola, sem a casca, cortada em quatro
- 3-4 cravos
- 1 folha de louro
- 250 ml de creme de leite bem espesso
- 250 ml de leite integral
- 400 g de filés de peixe de carne branca e firme
- 400 g de filés de haddock defumado
- 30 g de manteiga
- 2 alhos-porós, com as pontas aparadas, bem lavados e cortados em rodelas finas
- 30 g de farinha de trigo
- sal e pimenta-do-reino
- 1 punhado de folhas picadas de salsa
- 300 g de camarões limpos, crus

Cobertura:

- 750 g de batatas, sem a casca
- 75 g de manteiga, em cubinhos
- 50 ml de leite quente
- 2 gemas de ovos grandes
- 75-100 g de queijo cheddar, ralado

Coloque os cravos nos quartos de cebola. Ponha em uma panela larga com o louro, o alho-poró, o creme e o leite. Cozinhando em fogo brando, adicione os filés de peixe, fresco e defumado. Deixe por 3-4 minutos. Não importa se os peixes não ficarem bem cozidos nesta etapa. Tire do fogo e coloque em uma travessa. Passe o líquido que ficou na panela por uma peneira fina e reserve.

Derreta a manteiga em outra panela, junte os alhos-porós e abafe por 4-6 minutos, até ficarem macios. Misture a farinha de trigo e deixe no fogo, sem parar de mexer, por mais 2 minutos. Misture pouco a pouco o líquido no qual cozinhou os peixes e deixe por uns 10-15 minutos, mexendo de vez em quando, até engrossar. Tempere com sal e pimenta-do-reino a gosto e misture a salsa picada.

Para fazer a cobertura, corte as batatas em pedaços pequenos e leve a uma panela com água e sal. Deixe ferver, baixe o fogo e deixe por 15-20 minutos, até as batatas ficarem macias. Escorra bem e passe pelo espremedor ou amasse com o garfo até ficar macio. Junte a manteiga e o leite quente. Mexa até ficar tudo bem incorporado. Deixe esfriar um pouco e misture as gemas. Tempere com sal e pimenta-do-reino.

Aqueça o forno a 200 graus. Desmanche o peixe em pedaços que caibam na boca e junte ao molho de alhos-porós, com os camarões. Mexa até ficar tudo bem temperado. Passe para uma travessa refratária de 1,5-2 litros e espalhe o purê por cima, às colheradas. Espalhe e alise a cobertura. Para dar um acabamento tradicional, risque a cobertura com os dentes de um garfo. Espalhe por cima uma camada generosa de queijo ralado. Deixe no forno por 25-30 minutos, até a cobertura ficar castanho-dourada. Ponha para descansar alguns minutos e sirva com ervilhas ou vagens.

Costeletas de carneiro galês com salicórnia

O CARNEIRO DOS SALTMARSHES GALESES E A SALICÓRNIA, uma planta de gosto salgado que cresce perto do mar, combinam-se muito bem em um assado para o verão. Mesmo na Grã-Bretanha, a salicórnia tem um período de colheita muito curto e não é achada com facilidade. Se não encontrar, sirva o carneiro com funcho assado na brasa ou uma salada simples de agrião.

RENDIMENTO: 4 PORÇÕES

2 cortes de carneiro, com 6 costeletas cada um
sal e pimenta-do-reino
2 colheres (sopa) de azeite de oliva
200 g de salicórnia
25 g de manteiga
2-3 filés de anchova, picados
casca ralada e o suco de 1/2 limão
50 g de avelãs, partidas ao meio e tostadas

Aqueça o forno a 200 graus. Tempere o carneiro com sal e pimenta-do--reino. Aqueça o azeite de oliva em uma travessa ou panela que possa ir ao forno e doure por 2-3 minutos as peças de carneiro, com a parte da gordura para baixo. Vire as peças, para que a gordura fique para cima, e leve ao forno. Asse por uns 15 minutos se quiser malpassado, 20 minutos para deixar no ponto. Tire do forno, cubra com papel-alumínio sem apertar muito e deixe descansar em um local aquecido por pelo menos 10 minutos.

Ponha para ferver uma panela grande de água com sal. Ferva a salicórnia por 2-3 minutos, até começar a ficar tenra. Resfrie em uma vasilha com água gelada e escorra outra vez.

Quase na hora de servir, derreta a manteiga em uma frigideira grande sobre fogo médio. Quando começar a formar espuma, coloque os filés de anchova, a salicórnia e o suco e a casca de limão. Deixe no fogo por uns 2-3 minutos e então adicione as avelãs e uma pitada generosa de pimenta-do-reino moída na hora.

Para servir, distribua a salicórnia por pratos aquecidos. Corte as peças de carneiro em costeletas e coloque sobre a salicórnia. Distribua a colheradas os líquidos do cozimento da salicórnia e do carneiro. Sirva imediatamente, com batatinhas novas ou um purê bem macio.

Caçarola de **faisão** com **verduras** e **colcannon**

Este ensopado rústico tem um gosto ainda melhor no dia seguinte ao de sua preparação. Ao reaquecer, use fogo baixo, para que a carne de faisão mantenha-se úmida e suculenta. O colcannon é um prato tradicional irlandês, feito de um purê cremoso com repolho cortado em tiras. Acompanha muito bem a caçarola. Mas, se quiser, você pode servir o prato com purê normal e repolho roxo refogado.

RENDIMENTO: 6-8 PORÇÕES

2 faisões, com cerca de 550 g cada um
15 g de farinha de trigo
sal e pimenta-do-reino
3 colheres (sopa) de azeite de oliva
200 g de bacon defumado em cubinhos
2 cenouras, descascadas, em rodelas grossas
2 nabos grandes, descascados, em pedaços
1/2 aipo-rábano, descascado, em pedaços
12 minicebolas, descascadas
2 colheres (sopa) de mel
200 ml de vinho tinto
alguns raminhos de tomilho
500 ml de caldo de galinha

Colcannon:
750 g de batatas boas para cozinhar
1/2 repolho crespo, as pontas aparadas
80 g de manteiga, em cubinhos
75 ml de creme de leite fresco bem denso, aquecido

Aqueça o forno a 180 graus. Corte os faisões pelas juntas. Misture sal e pimenta-do-reino à farinha de trigo e envolva levemente os pedaços de faisão com a mistura. Aqueça o azeite de oliva em uma caçarola grande que possa ir ao forno e doure os pedaços de faisão por todos os lados, se necessário em etapas. Tire e reserve.

Ponha os cubinhos de bacon na caçarola e refogue por 2-3 minutos, mexendo frequentemente. Junte cenoura, nabo, aipo-rábano e minicebolas à panela e refogue, mexendo, por 2-3 minutos, até começarem a ficar macios. Acrescente o mel, despeje o vinho e deixe no fogo até o líquido se reduzir à metade. Coloque os pedaços de faisão de volta na caçarola, adicione o tomilho e derrame o caldo de galinha. Tempere com sal e pimenta-do-reino, tampe e passe para o forno. Deixe por aproximadamente 1 hora, até o faisão ficar macio.

Faça o colcannon enquanto o faisão está no forno. Descasque as batatas e corte-as em pedaços grandes, mas do mesmo tamanho. Ponha em uma panela de água e sal, deixe ferver e cozinhe por mais 12-15 minutos, até os pedaços ficarem macios. Corte o repolho em tirinhas finas. Ponha uma frigideira em fogo médio e junte a quarta parte da manteiga. Depois de derreter, acrescente o repolho e refogue devagar por 4-6 minutos, até amaciar. Tire do fogo e reserve.

Escorra bem as batatas, ponha de volta na panela e coloque sobre fogo baixo, para secar, durante 1 minuto. Tire do fogo e passe por um espremedor diretamente de volta para a panela. Ou amasse bem com um garfo. Acrescente o creme de leite devagar, tempere com sal e pimenta-do-reino e adicione depois, pouco a pouco, o restante da manteiga. Misture o repolho ao purê e verifique o tempero.

Distribua o faisão e acompanhamentos por pratos aquecidos. Sirva cada um com uma generosa porção de colcannon.

Gammon com purê de ervilhas e molho de salsa

NUTRITIVO, SIMPLES E CAPAZ DE DEIXAR AS PESSOAS SATISFEITAS, este prato de gammon (um tipo de carne de porco defumada) e pease pudding, um purê britânico tradicional de ervilhas amarelas, constitui um excelente jantar em dias normais ou o almoço de um domingo tranquilo. Um clássico molho de salsa completa perfeitamente a refeição. Só lembre de deixar o gammon de molho em bastante água fria de um dia para o outro, a fim de remover o excesso de sal.

RENDIMENTO: 4 PORÇÕES

- 2 kg de gammon defumado sem osso, deixado de molho de um dia para o outro (veja acima)
- 1 cebola, descascada, cortada em quatro
- 1 cenoura, descascada, cortada em quatro
- 2 talos de aipo, em pedaços
- 2 folhas de louro e alguns raminhos de tomilho
- 1 colher (chá) de pimenta-preta em grão

Pease pudding:

- 500 g de ervilha amarela partida, deixada de molho de um dia para outro em água fria
- 1 cebola e 1 cenoura, descascadas, cortadas em quatro
- 2 folhas de louro
- 2 colheres (sopa) de vinagre de malte
- sal e pimenta-branca
- 20 g de manteiga, em cubinhos

Molho de salsa:

- 20 g de manteiga
- 2 cebolas, descascadas, em rodelas finas
- 20 g de farinha de trigo
- 1½ colher (chá) de mostarda inglesa
- 150 ml de leite integral
- folhas picadas de 1 punhado de salsa
- 1 colher (sopa) de creme de leite fresco
- suco de limão siciliano, a gosto

Escorra o gammon e coloque em uma panela grande com a cebola, cenoura, aipo, louro, tomilho e pimenta-preta. Ponha água suficiente para cobrir tudo e deixe ferver. Tire a espuma que se formar na superfície. Depois que ferver, baixe o fogo e deixe cozinhar em fogo brando durante 2 horas, tirando a espuma de vez em quando, até o gammon ficar bem cozido. Reserve o caldo.

Para fazer o pease pudding, escorra as ervilhas e ponha em uma panela. Acrescente a cebola, a cenoura e o louro. Cubra com água, juntando um pouco do caldo do gammon, se não estiver muito salgado. Deixe ferver, tirando qualquer espuma que se forme na superfície. Baixe o fogo e deixe cozinhar brandamente durante uma hora, ou até as ervilhas ficarem macias.

Descarte a cebola, a cenoura e o louro e ponha as ervilhas no liquidificador, batendo até formar um purê. Passe para uma panela limpa. Adicione o vinagre e tempere com sal e pimenta-do-reino. Misture pouco a pouco a manteiga, batendo um cubinho de cada vez. Mantenha aquecido até a hora de servir, juntando um pouco de água se ficar muito seco.

Para fazer o molho de salsa, derreta a manteiga em uma frigideira, junte as chalotas e doure delicadamente até ficarem macias, mas sem tomar cor, por 4-6 minutos. Acrescente a farinha de trigo e a mostarda, misture bem e deixe no fogo por mais 2-3 minutos. Pouco a pouco, derrame o leite e 150 ml do caldo de cozimento do gammon. Depois que ferver, baixe o fogo e deixe cozinhar por 6-8 minutos, mexendo de vez em quando. O molho deve engrossar bem.

Um pouco antes de servir, acrescente a salsa picada, o creme e uma borrifada de suco de limão ao molho. Prove e ajuste o sal e a pimenta-do-reino. Ponha o gammon em uma tábua. Corte em fatias grossas e sirva com o purê de ervilhas e o molho de salsa.

5 opções para aspargos

Aspargos com molho hollandaise **de limão e estragão**

Para fazer o molho hollandaise, corte 100 g de manteiga sem sal gelada em cubinhos. Bata duas gemas de ovos grandes com uma borrifada de suco de limão, um cubinho de manteiga e um pouco de sal e pimenta-do-reino em uma vasilha colocada sobre uma panela de água fervente, até ficar bem grosso e cremoso. Adicione o restante da manteiga, sempre batendo, um cubo de cada vez. Continue a bater até ficar brilhante e cremoso. Tempere com sal, pimenta-do-reino e suco de limão a gosto e junte algumas folhas de estragão picadas na hora. Afervente 450 g de aspargos com as pontas cortadas em água com sal durante 2-3 minutos, até amaciarem. Escorra e sirva com o molho hollandaise. RENDIMENTO: 4 PORÇÕES

Soldados de aspargos **com ovos cozidos**

Aqueça o forno a 200 graus. Corte oito fatias de prosciutto em duas e enrole as metades em 16 aspargos. Espalhe em uma assadeira levemente untada com azeite, regue com azeite de oliva e moa um pouco de pimenta-preta por cima. Ponha no forno por 10-12 minutos, até o presunto ficar crocante e os aspargos macios. Enquanto isso, ponha quatro ovos grandes em uma panela de água com sal fervendo e deixe por 4 minutos. Tire os ovos e coloque cada um em um suporte para ovos. Sirva imediatamente, em pratos aquecidos, com os aspargos. RENDIMENTO: 4 PORÇÕES

Aspargos cortados com salada de funcho

Corte de 8-10 aspargos sem as pontas em fatias finas, na diagonal, usando um cortador de verduras. Corte uma cabeça de funcho, também com as pontas aparadas, da mesma forma. Combine em uma vasilha grande. Misture o suco de meio limão, meia colher (chá) de mostarda tipo Dijon, 4 colheres (sopa) de azeite de oliva extravirgem, meia colher (chá) de açúcar e sal e pimenta-do-reino a gosto em uma vasilha pequena. Derrame sobre as fatias de aspargo e funcho e mexa bem para elas ficarem bem cobertas. Cubra e ponha na geladeira por pelo menos 15-10 minutos. Para servir, acrescente cerca de 100 g de folhas de agrião bem macias, um punhado de pinoli tostados e um pouco de parmesão em lascas. Misture rapidamente e leve à mesa. RENDIMENTO: 4 PORÇÕES

Frittata de aspargos, **bacon e queijo de cabra**

Aqueça 1 colher (sopa) de azeite de oliva em uma frigideira antiaderente média. Coloque 100 g de bacon em cubinhos e frite até começar a dourar. Junte um dente de alho em fatias finas, 250 g de aspargos sem as pontas cortados e algumas folhas de tomilho. Deixe no fogo por 3-4 minutos, o suficiente para os aspargos ficarem um pouco macios. Enquanto isso, bata 4 ovos grandes com 2-3 colheres (sopa) de creme de leite, 20 g de parmesão ralado e bastante sal e pimenta-do-reino. Ponha a mistura na frigideira e mexa levemente, o suficiente para distribuir bem. Coloque por cima 100 g de queijo de cabra esfarelado. Deixe em fogo baixo, sem mexer, até o ovo começar a ficar firme nos lados e no fundo. Ponha a frigideira sob uma grelha quente por 1-2 minutos, até ficar firme. Deixe descansar durante 1 minuto antes de servir. RENDIMENTO: 2 PORÇÕES

Tortinhas de aspargos com salmão **defumado**

Abra 300 g de massa pronta sobre uma superfície enfarinhada, até a espessura de uma moeda, e forre seis formas para tortinhas. Deixe na geladeira por pelo menos meia hora. Afervente 200 g de aspargos com as pontas aparadas em água com sal fervendo, por 3-4 minutos, o suficiente para ficarem macios. Escorra, esfrie em água gelada, volte a escorrer e corte em pedacinhos de 3 cm. Aqueça o forno a 200 graus. Forre as forminhas com papel-alumínio, encha com feijões de cerâmica e leve ao forno por 15-20 minutos. Tire os feijões e ponha no forno por mais 5 minutos. Diminua a temperatura para 190 graus. Em uma vasilha, bata ligeiramente 150 ml de creme de leite fresco encorpado com 1 ovo grande e um pouco de sal e pimenta-do-reino. Distribua 75 g de salmão defumado desmanchado pelas forminhas e ponha os pedaços de aspargos por cima. Complete com a mistura de creme de leite e polvilhe com 20 g de queijo cheddar ralado. Ponha no forno por 10-15 minutos, até as tortinhas ficarem douradas e firmes. Deixe esfriar um pouco antes de servir. RENDIMENTO: 6 PORÇÕES

Sponge pudding com geleia no vapor

UM SPONGE PUDDING ÚMIDO E DE BOA CONSISTÊNCIA é um alimento muito reconfortante e que traz nostálgicas lembranças da infância. Sirva esta receita com creme ou *custard,* ou ainda – para uma gulodice ocasional – um pouquinho de licor de laranja. Se tiver, espalhe por cima um pouco de casca de laranja cristalizada (ver pág. 102).

RENDIMENTO: 4 PORÇÕES

- 140 g de manteiga amolecida, e mais um pouco para untar
- 3 colheres (sopa) de geleia de laranja
- 2 colheres (sopa) de xarope de milho
- a casca muito bem ralada de 1 laranja
- 140 g de açúcar amarelo refinado
- 3 ovos grandes, ligeiramente batidos
- 70 g de farinha de trigo com fermento
- 2 colheres (chá) de fermento em pó
- 2 colheres (sopa) de leite integral

Unte levemente com manteiga uma forma para pudim de 1,2 litro. Misture 1 colher (sopa) de geleia com o xarope e a casca de laranja e espalhe sobre o fundo da forma.

Com uma batedeira elétrica, bata a manteiga e o açúcar até formar um creme. Sem parar de bater, vá juntando os ovos, devagar, prestando atenção para que cada porção fique totalmente incorporada antes de passar à seguinte. Peneire a farinha e o fermento para dentro da vasilha, juntando alternadamente o leite e o restante da geleia, batendo até formar uma mistura macia. Coloque às colheradas na forma de pudim.

Ponha uma folha de papel-manteiga untada com manteiga sobre a forma, com o lado com a manteiga para baixo, e cubra com uma folha de papel-alumínio do mesmo tamanho. Prenda com firmeza, passando um barbante logo abaixo do topo da forma.

Coloque a forma sobre um suporte ou prato pequeno resistente ao calor em uma panela grande. Ponha água fervendo suficiente para chegar à metade da forma e deixe em fogo firme e constante. Tampe muito bem e cozinhe por uma hora e meia, verificando o nível da água a cada meia hora, mais ou menos, completando com água fervendo se for necessário.

Para verificar se está pronto, desembrulhe e enfie um palito. Se sair limpo, está bom. Desenforme ainda quente em uma travessa aquecida.

Shortbreads recheados com **morangos**

MORANGOS COM CREME SÃO O SÍMBOLO MÁXIMO do verão britânico. Prepará-los e servi-los entre dois shortbreads redondos – os bolinhos que acompanham tradicionalmente o chá – compõe uma sobremesa simples e elegante. Os shortbreads feitos em casa são imbatíveis. Esta receita vai produzir mais do que você precisa para envolver os morangos, mas eles se conservam muito bem durante uma semana em vasilhas hermeticamente fechadas. Se você estiver sem tempo, use biscoitos comprados prontos. Vai produzir, assim, uma sobremesa quase instantânea.

RENDIMENTO: 4-6 PORÇÕES

Shortbread:

150 g de farinha de trigo, e mais um pouco para polvilhar
100 g de creme de arroz
1/2 colher (chá) de sal
125 g de manteiga sem sal, na temperatura ambiente
90 g de açúcar
1 ovo grande, batido

Creme de morangos:

50 ml de creme de leite bem espesso
150 g de clotted cream*
3-4 colheres (sopa) de açúcar de confeiteiro peneirado, e mais um pouco para polvilhar
1 fava de baunilha, aberta no sentido do comprimento
400 g de morangos, limpos, cortados em quatro ou em fatias

* O clotted cream é um laticínio típico inglês. Prepara-se aquecendo leite cru, sem pasteurizar, em banho-maria. A nata que se forma na superfície é passada para uma vasilha rasa, para escorrer o excesso de soro. Tem tonalidade amarelada.

Peneire juntos a farinha de trigo, o creme de arroz e o sal. Com uma batedeira elétrica, bata a manteiga e o açúcar até a mistura ficar cremosa. Adicione devagar o ovo batido. Ponha a batedeira na velocidade mais baixa e junte a farinha peneirada, uma colher de cada vez, até a mistura formar uma massa macia. Tome cuidado para não bater demais. Forme uma bola com a massa, envolva em filme plástico e deixe na geladeira por pelo menos uma hora.

Para fazer o creme, ponha o creme de leite, o clotted cream e o açúcar de confeiteiro em uma vasilha. Com a ponta de uma faca, tire e acrescente as sementes da baunilha. Bata até a mistura engrossar e formar montinhos. Reserve.

Aqueça o forno a 160 graus. Abra a massa em uma superfície enfarinhada com 3-4 mm de espessura e corte rodelas de 9-10 cm. Ponha as rodelas em uma assadeira e leve ao forno por 20-25 minutos, até adquirirem uma tonalidade dourado-claro. Deixe na assadeira por uns dois minutos para ficarem firmes e tire para acabar de esfriar em um suporte adequado.

Para servir, passe os morangos pelo creme de baunilha, reservando alguns pedaços. Ponha um shortbread no centro de cada prato e espalhe os morangos por cima com uma colher. Cubra com outra rodela de *shortbread*. Polvilhe com um pouco de açúcar de confeiteiro e sirva com os morangos reservados ao lado.

Preparando custard

Ponha o leite, o creme e 1 colher (sopa) de açúcar em uma panela pesada e deixe em fogo brando até levantar fervura. Enquanto isso, bata as gemas e o restante do açúcar em uma vasilha grande, com um batedor manual, até engrossar e ficar cremoso. Quando o leite ferver, junte pouco a pouco à mistura de gemas, sem parar de bater. Passe a mistura por uma peneira de volta para a panela e ponha em fogo baixo. Mexa sem parar com uma colher de pau, até engrossar o suficiente para aderir às costas da colher. Tome cuidado para não ficar muito quente, pois assim irá talhar. Tire do fogo e passe mais uma vez por uma peneira fina.

Preparando custard

Ponha o leite, o creme e 1 colher (sopa) de açúcar em uma panela pesada e deixe em fogo brando até levantar fervura. Enquanto isso, bata as gemas e o restante do açúcar em uma vasilha grande, com um batedor manual, até engrossar e ficar cremoso. Quando o leite ferver, junte pouco a pouco à mistura de gemas, sem parar de bater. Passe a mistura por uma peneira de volta para a panela e ponha em fogo baixo. Mexa sem parar com uma colher de pau, até engrossar o suficiente para aderir às costas da colher. Tome cuidado para não ficar muito quente, pois assim irá talhar. Tire do fogo e passe mais uma vez por uma peneira fina.

Fool de ruibarbo

COM SUA COR ROSA BRILHANTE, o ruibarbo serve para preparar um fool – sobremesa típica inglesa – cremoso e delicioso. Ferva lentamente o ruibarbo com açúcar e baunilha, deixe esfriar e case com um creme custard bem delicado. O ruibarbo se desmancha com muita facilidade quando aquecido. Assim, se preferir uma consistência mais firme, deixe menos tempo no fogo.

RENDIMENTO: 4-6 PORÇÕES

500 g de ruibarbo
75 g de açúcar mascavo
suco e casca muito bem ralada de 1 laranja
1 fava de baunilha, aberta

Custard:
150 ml de leite integral
250 ml de creme de leite fresco bem espesso
50 g de açúcar
6 gemas de ovos grandes

Corte os talos de ruibarbo em pedaços pequenos. Ponha em uma panela com o açúcar mascavo e o suco e a casca da laranja. Adicione um pouquinho de água. Com a ponta de uma faca, tire as sementes da baunilha para dentro da panela. Ponha em fogo alto. Quando começar a fazer bolhas, baixe o fogo e deixe cozinhar em fogo brando por 8-10 minutos, ou até o ruibarbo ficar macio. Tire do fogo, deixe esfriar completamente e ponha na geladeira.

Faça o custard, seguindo as orientações das páginas anteriores. Passe para uma tigela gelada e deixe esfriar, mexendo de vez em quando para que não se forme uma pele no topo. Ponha também na geladeira e reserve.

Quase na hora de servir, embeba ligeiramente dois terços do ruibarbo no creme, ainda gelados. Ponha uma colherada pequena de ruibarbo em cada copo nos quais vai servir e cubra com o creme. Passe o restante do ruibarbo às colheradas para o alto de cada copo e sirva imediatamente.

ORIENTE MÉDIO

DO PONTO DE VISTA CULINÁRIO, O ORIENTE MÉDIO ENGLOBA PAÍSES QUE VÃO DA ARGÉLIA E MARROCOS, A OESTE, A OMÃ E IRÃ, A LESTE. O AUMENTO NA QUANTIDADE DE RESTAURANTES TÍPICOS NOS DEU A OPORTUNIDADE DE PROVAR A AROMÁTICA COZINHA DA ÁFRICA DO NORTE E DE DESCOBRIR AS RECEITAS PERSAS, COM SUAS ERVAS, TEMPEROS E FRUTAS. NÃO É MUITO DIFÍCIL ENCONTRAR OS INGREDIENTES NECESSÁRIOS. EU PESSOALMENTE GOSTO MUITO DO JEITO "MEZE" DE COMEÇAR A REFEIÇÃO COM UMA SUCESSÃO DE PRATOS, SEGUINDO O MESMO CONCEITO DAS TAPAS ESPANHOLAS, UM COSTUME QUE AJUDA A APROXIMAR PARENTES E AMIGOS POR MEIO DO ALIMENTO.

Abobrinha, queijo feta e ervas

ESTE PRATO VEGETARIANO, MUITO GOSTOSO, é ideal para ser servido como entrada leve ou parte de uma apresentação de diversas receitas. Se quiser, prepare com antecedência e esquente no forno em temperatura baixa na hora de servir.

RENDIMENTO: 5-6 PORÇÕES

- 3 abobrinhas médias ou 2 grandes, cerca de 500 g
- sal e pimenta-do-reino
- 2 colheres (sopa) de azeite leve de oliva, mais um pouco para fritar
- 1 cebola grande, sem a casca, em rodelas finas
- 3 ovos grandes
- 200 g de queijo feta, em cubinhos
- folhas picadas de alguns raminhos de hortelã
- folhas picadas de alguns raminhos de endro
- 2 colheres (sopa) de pinoli
- 3-4 colheres (sopa) de farinha de trigo

Para servir:

- fatias de limão
- raminhos de salsa (opcional)

Corte as pontas das abobrinhas e rale grosseiramente em uma peneira colocada sobre uma vasilha. Polvilhe uma pitada de sal, misture bem e deixe assim por cerca de 10 minutos. O sal vai ajudar a retirar o excesso de umidade das abobrinhas. Esprema com as mãos para extrair mais líquido e passe para uma vasilha grande.

Aqueça 2 colheres (sopa) de azeite de oliva em uma frigideira grande e refogue a cebola, com uma pitada de sal e outra de pimenta-do-reino, durante 5-6 minutos, até amaciar. Deixe esfriar um pouco, junte à abobrinha e misture bem.

Acrescente os ovos, o feta, as ervas picadas, os pinoli e 3 colheres (sopa) de farinha de trigo à mistura de abobrinha. Ponha uma pitada generosa de pimenta-do-reino e mexa até tudo ficar bem misturado. Como o feta é salgado, normalmente não é necessário pôr sal. Se ficar muito úmido, junte mais 1 colher (sopa) de farinha de trigo e misture bem.

Aqueça uma camada fina de azeite de oliva no fundo de uma frigideira grande. Será preciso fritar por etapas. Ponha algumas colheradas de massa na frigideira, bem espaçadas, e frite por 2-3 minutos de cada lado, até ficar castanho-dourado. Transfira para uma travessa aquecida, forrada com papel absorvente. Mantenha quente enquanto prepara o restante. A massa deve ser suficiente para 20-24 bolinhos pequenos.

Sirva quente, com fatias de limão e um raminho de salsa para enfeitar, se gostar.

Rolinhos de massa filo com espinafre e queijo feta

ESTES ROLINHOS SÃO PREPARADOS NO MARROCOS com massa warka e recheio só de queijo. Aqui, usei massa filo, mais fácil de encontrar, e acrescentei espinafre ao queijo, o que dá outro sabor à receita. Sirva como entrada ou como parte de uma refeição tipo meze.

RENDIMENTO: 4-6 PORÇÕES

1 colher (sopa) de azeite de oliva
150 g de folhas de espinafre, lavadas e escorridas
200 g de queijo feta
1 ovo grande, batido
1 punhado de folhas picadas de ervas diversas, como hortelã, salsa e endro
sal e pimenta-do-reino
1 pitada de sumagre (opcional)
6 folhas de massa filo
100 g de manteiga sem sal, derretida

Aqueça uma frigideira. Ponha o azeite de oliva. Quando estiver quente, despeje o espinafre. Deixe no fogo até ficar enrugado. Passe para um escorredor e pressione com as costas de uma colher para tirar o excesso de umidade. Seque o mais que puder com papel absorvente. Pique muito bem o espinafre e ponha em uma vasilha grande. Deixe esfriar.

Aqueça o forno a 200 graus. Esfarele o feta sobre o espinafre e acrescente, misturando, o ovo, as ervas picadas, sal, pimenta-do-reino e, se estiver usando, o sumagre.

Trabalhe com duas folhas de massa de cada vez, mantendo as restantes cobertas por um pano de pratos para evitar que ressequem. Espalhe manteiga derretida sobre uma das folhas e pressione a outra folha por cima. Passe mais manteiga derretida e corte cada folha dupla de massa em quatro, formando retângulos iguais.

Com uma colher, espalhe a mistura de queijo e espinafre junto a uma das pontas mais curtas do retângulo, deixando uma margem de 2 cm de cada lado. Dobre um pouco da massa, apenas o suficiente para cobrir o recheio, dobre um pouco nas pontas e continue a enrolar até o fim. Coloque em uma assadeira grande, levemente untada com manteiga, e pincele com manteiga derretida. Prepare os outros retângulos de filo até gastar todo o recheio. Deve ser suficiente para 12 rolinhos.

Deixe no forno por 20-30 minutos, até ficarem douradinhos e crocantes. Fica melhor servido quente, diretamente do forno.

Falafel com molho de tahine

FAZER FALAFEL NÃO É DIFÍCIL, E OS PREPARADOS em casa são muito mais gostosos do que os oferecidos semiprontos nos supermercados e outras lojas. Para obter o sabor e a textura autênticos, é preciso usar grão-de-bico deixado de molho de um dia para o outro. Não é necessário ferver o grão-de-bico antes de preparar o falafel.

RENDIMENTO: 4-5 PORÇÕES

Falafel:

- 300 g de grão-de-bico, deixado de molho em bastante água de um dia para o outro
- sal e pimenta-do-reino
- 2 colheres (chá) de hortelã seca
- 2 colheres (chá) de cominho moído
- 2 colheres (chá) de sementes de coentro moídas
- 1 colher (chá) de bicarbonato de sódio
- casca de 1 limão-siciliano, muito bem ralada
- 2 dentes de alho, descascados, muito bem picados
- 1/2 cebola média, sem a casca, muito bem picada
- 1 punhado pequeno de folhas picadas de coentro
- óleo para fritar

Molho de tahine:

- 1 colher (sopa) de tahine (pasta de gergelim)
- 3 colheres (sopa) de iogurte com consistência firme
- 1-2 colheres (sopa) de suco de limão, a gosto
- 1 colher (chá) de mel
- 1-2 colheres (sopa) de água quente (opcional)

Escorra o grão-de-bico, lave outra vez e escorra muito bem. Ponha no processador com uma pitada de sal e moa até chegar à consistência de uma farinha de rosca grossa. Junte os outros ingredientes, com exceção do óleo, e trabalhe até tudo ficar bem misturado, com uma textura fina.

Ponha a mistura em uma vasilha grande e prove o tempero. Forme bolinhas. Ponha em uma travessa, cubra com filme plástico e leve à geladeira por 30 minutos para ficarem firmes.

Misture todos os ingredientes do molho de tahine em uma vasilha até formar uma pasta macia. Tempere com sal e pimenta-do-reino a gosto. Se quiser uma consistência mais fina, use a água quente.

Ponha uma camada de uns 2 cm de óleo em uma frigideira. Vai ser preciso fritar por etapas. Com cuidado, coloque os falafels, um a um, no azeite quente. Deixe por 4-5 minutos, virando de vez em quando, até ficarem dourados e crocantes. Coloque em papel absorvente e mantenha quente, no forno com temperatura baixa, até terminar de fritar.

Sirva acompanhado de pão sírio quente e uma salada mista, temperada com um fio do molho de tahine, se gostar.

Preparando os charutinhos

Ponha uma folha de uva, com o lado brilhante para baixo, em uma superfície limpa. Ponha uma porção generosa do recheio no meio da folha, um pouco deslocado na direção do cabo. Puxe a folha pelo lado do cabo até cobrir o recheio, dobre nas extremidades e enrole como se fosse um charuto. Repita com as outras folhas.

Charutinhos

NÃO É DIFÍCIL FAZER DOLMADES, OS CHARUTINHOS de folhas de uva. Mas o preparo exige muito tempo. Como costumo fazer a receita em dobro, normalmente convoco a família e peço ajuda às crianças. Elas colaboram com prazer no preparo de coisas gostosas.

RENDIMENTO: 4 PORÇÕES

200 g de folhas de parreira
2 colheres (sopa) de azeite de oliva, mais um pouco para regar
1 cebola grande, sem a casca, muito bem picada
2 dentes de alho, sem a casca, muito bem picados
400 g de arroz branco cozido, de preferência de grãos longos
100 g de pinoli tostados
100 g de passas
1/4 de colher (chá) de pimenta-da-jamaica
1/2 colher (chá) de canela em pó
1 pitada de açúcar
2 tomates bem maduros picados, sem a pele e sem sementes
1 punhado pequeno de folhas de salsa picadas
1 punhado pequeno de folhas de hortelã picadas
sal e pimenta-do-reino
cerca de 300 ml de caldo de legumes
suco de 1/2 limão, e mais um pouco para regar
azeite de oliva extravirgem, para regar

Babagamuche (alto), charutinhos (esquerda) e tabule (direita)

Se comprou as folhas de parreira conservadas em salmoura, coloque-as em uma vasilha grande e cubra com água fervendo, para tirar o excesso de sal. Deixe por alguns minutos e escorra cuidadosamente todo o líquido. Lave com água fria e escorra outra vez.

Aqueça o azeite de oliva em uma panela. Doure a cebola e o alho alguns minutos em fogo brando, mexendo de vez em quando, até ficarem macios. Passe para uma vasilha e junte o arroz cozido, os pinoli, as passas, tomates, temperos, ervas, sal e pimenta-do-reino. Prove e acerte o sal. Como os charutinhos vão ser servidos frios, é preciso temperar generosamente.

Recheie as folhas com a mistura de arroz, seguindo as orientações das páginas anteriores.

Dobre um pano de prato úmido e forre a base de uma panela grande. Os lados do pano de prato devem sair pelos lados da panela. Distribua os charutinhos no pano, bem juntos, em camadas firmes. Junte o caldo de legumes, suco de limão e um fio de azeite de oliva.

Cubra os charutinhos com um pedaço de papel-manteiga e tampe a panela com uma travessa resistente ao calor que se ajuste bem ao topo. Isso vai ajudar a impedir que os charutinhos se abram durante o cozimento. Tampe a panela e deixe cozinhar em fogo brando por uma hora.

Remova a tampa e a travessa e tire com cuidado os charutinhos da panela, usando o pano de prato. Passe para a travessa em que vai servir e deixe esfriar. Deixe algumas horas na geladeira, ou mesmo de um dia para o outro se estiver preparando com antecedência. Retire da geladeira 10 minutos antes de servir. Regue com um fio de azeite de oliva extravirgem e suco de limão na hora de ir para a mesa.

Babagamuche

ESTE DELICIOSO PRATO QUE TEM A BERINJELA como base é muito apreciado na região do Levante, da Turquia ao Egito. Naturalmente, há pequenas variações nos temperos e ingredientes, dependendo da região. As berinjelas podem ser assadas ou grelhadas sobre uma chama até a polpa ficar macia e defumada. Prepare com antecedência e sirva na temperatura ambiente.

RENDIMENTO: 4-6 PORÇÕES

2 berinjelas grandes, 600-650 g
um pouco de óleo para untar
suco de 1/2 limão ou a gosto
1 1/2 colher (sopa) de tahine (pasta de gergelim)
2 colheres (sopa) de iogurte natural
2 dentes de alho grande, sem a pele, amassados
folhas de 1 raminho de tomilho
sal e pimenta-do-reino

Para servir:
azeite de oliva extravirgem, para regar
algumas pitadas de sumagre ou folhas de salsa picadas para espalhar por cima

Aqueça o forno a 220 graus. Fure as berinjelas em diversos lugares com a ponta de uma faca afiada e coloque-as em uma assadeira levemente untada com azeite. Deixe no forno por 45-60 minutos, virando-as na metade desse tempo, até as peles ficarem enrugadas e as polpas parecerem estar macias quando submetidas a uma pressão leve.

Quando estiverem frias o suficiente para trabalhar, descasque e ponha as polpas em um escorredor. Aperte para eliminar o máximo de líquido possível e passe para uma tábua. Pique em pedacinhos pequenos (ou, se preferir, faça uma pasta passando pelo liquidificador).

Ponha a massa de berinjela em uma vasilha e junte o suco de limão, o tahine, o iogurte, o alho, o tomilho, o sal e a pimenta-do-reino. Misture bem, prove e acerte o tempero. Se não for usar imediatamente, cubra e guarde na geladeira.

Passe às colheradas para a travessa em que vai servir e regue a superfície com um fio de azeite de oliva extravirgem. Polvilhe com o sumagre ou as folhas de salsa picadas e sirva com pão sírio bem quentinho.

Tabule

É UMA DELICIOSA SALADA NA QUAL O DESTAQUE está nas ervas picadas na hora. Tradicionalmente, o tabule é feito com trigo para quibe moído bem fino, que pode ser encontrado em casas especializadas. É melhor misturar os ingredientes da salada no momento de servir, pois o suco de limão pode descolorir as ervas. Sirva como meze ou acompanhando pratos de peixe ou carne.

RENDIMENTO: 4-6 PORÇÕES

75 g de trigo para quibe
250 g de tomates bem maduros
suco de 1 limão pequeno, ou a gosto
3 colheres (sopa) de azeite de oliva extravirgem
sal e pimenta-do-reino
3 cebolinhas, com as pontas aparadas
1 maço de salsa, cerca de 75 g
1 maço de hortelã, cerca de 75 g
sementes de meia romã pequena, para decorar (opcional)

Fotografia na página 142

Ponha o trigo em uma vasilha. Derrame água fervendo por cima, de maneira a cobrir com folga. Cubra a vasilha com filme plástico e deixe por 10 minutos. Ponha o trigo sobre uma peneira fina, escorra muito bem e coloque de volta na vasilha.

Pique os tomates bem fino e junte ao trigo, acompanhado do suco de limão, azeite de oliva extravirgem e um pouco de sal e pimenta-do-reino. Misture bem com o garfo. Deixe o trigo absorver o líquido e ficar um pouco mais macio. Prove para ajustar o tempero.

Pique bem fino as cebolinhas e um pouco mais grosseiramente as folhas de salsa e hortelã com uma faca. Na hora de servir, misture as ervas ao trigo e, se quiser, decore com as sementes de romã.

Salmonete frito com pilafe de açafrão e molho tarator

É COMUM NA TURQUIA E NO LÍBANO que o peixe local seja servido frito, com molho tarator e arroz de açafrão. Esta receita pede salmonete, mas qualquer peixe de carne branca e firme pode ser preparado dessa forma. Se sobrar molho, guarde para servir com carne ou frango grelhado.

RENDIMENTO: 4 PORÇÕES

- 4 salmonetes, de cerca de 400 g cada um, em filés, com a pele
- 2 colheres (sopa) de farinha de trigo
- 1/2 colher (chá) de cominho moído
- 1/2 colher (chá) de gengibre em pó
- 1/2 colher (chá) de canela em pó
- sal e pimenta-do-reino
- 2-3 colheres (sopa) de azeite de oliva

Pilafe de açafrão:

- 4 colheres (sopa) de azeite de oliva
- 2 cebolas grandes, sem a casca, em rodelas finas
- 300 g de arroz de grãos longos
- 600 ml de caldo de galinha ou de legumes, quente
- 75 g de pinoli tostados
- 1 punhado de folhas de salsa picadas e 1 pitada de açafrão

Molho tarator:

- 4 colheres (sopa) de tahine (pasta de gergelim)
- 50 g de pinoli tostados
- 3 colheres (sopa) de suco de limão, ou a gosto
- 1 dente de alho, sem a casca, picado
- 1/2 colher (chá) de cominho moído
- 1 pitada de pimenta-de-caiena
- 3-4 colheres (sopa) de água quente

Examine o peixe. Se encontrar alguma espinha, tire com uma pinça de cozinha. Reserve, na temperatura ambiente, enquanto prepara o pilafe.

Aqueça metade do azeite de oliva do arroz em uma panela pesada grande. Coloque a cebola, uma pitada de sal e outra de pimenta-do-reino. Doure por 5-6 minutos, até a cebola começar a ficar macia. Junte o restante do azeite e acrescente o arroz. Misture bem e deixe no fogo, mexendo, por um minuto. Acrescente o caldo e o açafrão. Cubra com uma tampa bem ajustada e deixe cozinhar em fogo brando por 8-10 minutos, até a maior parte do líquido ser absorvida. Desligue o fogo, mas deixe o arroz na panela tampada por mais 5 minutos.

Faça o molho tarator enquanto o arroz cozinha. Coloque tahine, pinoli, suco de limão, alho, cominho, pimenta-de-caiena e um pouco de sal e pimenta-do-reino no processador. Ligue em velocidade alta. Com o motor funcionando, junte a água, uma colher de cada vez, até o molho ficar macio, com a consistência de uma maionese leve. Prove e corrija o sal e o suco de limão. Passe para uma travessa.

Cerca de 5 minutos antes de o arroz ficar pronto, prepare o peixe. Tempere os filés com cominho, gengibre, canela, sal e pimenta-do-reino. Cubra bem os filés. Aqueça o azeite de oliva em uma frigideira larga. Quando estiver quente, frite os peixes por 1,5-2 minutos cada lado, até ficarem dourados, mas ainda firmes.

Sirva o peixe sobre o arroz, acompanhado de uma generosa porção de molho. Espalhe pinoli e salsa picada por cima. Leve o molho que sobrar à mesa para que os convidados peguem mais, se quiserem.

Tagine de cordeiro com **damasco e couscous** de **ervas**

A CARNE DE CORDEIRO COMBINA muito bem com frutas. Esta receita inclui limões em conserva, cuja acidez equilibra a doçura dos damascos secos. Se estiver na época, pode substituir os damascos secos por damascos frescos. Use cerca de 200 g, cortados em fatias, descartando os caroços. Junte logo que o cordeiro começar a amaciar, pois eles precisam cozinhar alguns minutos para amolecer. É possível também que tenha de pôr mais um pouco de mel.

RENDIMENTO: 4 PORÇÕES

900 g de paleta de cordeiro com osso
2 colheres (sopa) de farinha de trigo
sal e pimenta-do-reino
4 colheres (sopa) de azeite de oliva
1 cebola grande, sem a casca, em rodelas finas
2 dentes de alho, sem a casca, amassados
1 colher (sopa) de gengibre fresco ralado
$1\frac{1}{2}$ colher (sopa) de ras el hanout
$1\frac{1}{2}$ colher (sopa) de purê de tomate
cerca de 800 ml de caldo de carneiro ou de galinha
100 g de damascos secos picados
$1\frac{1}{2}$ limão em conserva, picado
1 borrifada de suco de limão
2 colheres (sopa) de mel, ou a gosto

Couscous de ervas:
500 ml de caldo de galinha ou de legumes
300 g de couscous
1 punhado grande de salsa
1 punhado grande de hortelã
1 punhado pequeno de coentro
a casca muito bem ralada de 1 limão
2 colheres (chá) de suco de limão
2 colheres (sopa) de azeite de oliva extravirgem

Corte o cordeiro em pedaços pequenos, que caibam na boca. Misture a farinha de trigo com sal e pimenta-do-reino e cubra os pedaços de carne. Aqueça metade do azeite de oliva em uma panela grande e pesada. Doure a carne, por etapas, virando para dourar bem e passando imediatamente para uma travessa.

Ponha a cebola e, se necessário, mais um pouco de azeite na panela. Refogue por 5 minutos ou até começar a ficar macia. Adicione alho, gengibre, ras el hanout (mistura de temperos marroquina) e purê de tomate. Deixe por alguns minutos, até ficar bem cheiroso. Ponha outra vez na panela os pedaços de cordeiro e o caldo que tenha ficado. Misture bem.

Acrescente caldo suficiente para cobrir tudo. Quando ferver, baixe e deixe cozinhar em fogo brando. Tire a espuma que costuma se formar na superfície. Quando o caldo ficar claro, tampe parcialmente a panela e deixe cozinhando em fogo brando, mexendo de vez em quando, por uma hora e meia.

Acrescente damascos, limão em conserva, suco de limão e mel a gosto. Deixe cozinhando, com a panela destampada, por mais 30-45 minutos, mexendo frequentemente, até a carne ficar macia. Prove e ajuste o sal e a pimenta-do-reino. Este ensopado pode ser preparado com antecedência e aquecido na hora de servir.

Para fazer o couscous, ferva o caldo. Ponha a farinha em uma vasilha grande e derrame o caldo fervendo sobre ela. Cubra com filme plástico, sem apertar muito, e deixe por 10-15 minutos, até todo o caldo ser absorvido. Enquanto isso, separe e pique as folhas das ervas.

Mexa o couscous com um garfo para desmanchar as pelotas e depois, usando o garfo, misture as ervas, a casca de limão e um pouco de sal e pimenta-do-reino. Em outra vasilha, misture o suco de limão com o azeite de oliva extravirgem e derrame sobre o couscous, mexendo com o garfo. Verifique o sal e a pimenta-do-reino. Sirva com o cordeiro.

Bolo de iogurte turco com calda cítrica

ESTE COMPACTO E ÚMIDO BOLO DE IOGURTE tem textura semelhante à de um cheesecake leve. A calda dá um brilho muito bonito ao topo e um toque agridoce ao conjunto. Guarde o xarope que sobrar e sirva com sorvete de baunilha, iogurte simples ou panquecas.

RENDIMENTO: 8 PORÇÕES

manteiga para untar
6 ovos grandes, claras e gemas separadas
150 g de açúcar
75 g de farinha de trigo com fermento
600 g de iogurte grego* natural passado na peneira
suco e casca muito bem ralada de 1 limão
1 pitada de sal

Calda cítrica:
125 g de açúcar
125 ml de água
o suco e a parte externa da casca de 1 limão
o suco e a parte externa da casca de 1 laranja
1 colher (chá) de água de flor de laranjeira (ou água de rosas)

Preaqueça o forno a 180 graus. Unte com manteiga a base e os lados de uma forma de bolo redonda de 23-25 cm de fundo removível. Forre a base com um disco de papel-manteiga.

Bata juntos as gemas e o açúcar com uma batedeira elétrica até a mistura ficar clara e cremosa. Peneire a farinha sobre a superfície e misture delicadamente. Acrescente o iogurte e a casca e o suco de limão e misture.

Em outra vasilha bata em neve as claras com uma pitada de sal. Misture cuidadosamente às gemas, usando uma colher grande de metal.

Ponha na forma de bolo e alise a superfície. Deixe no forno por 50-60 minutos, até o bolo crescer e ficar bem assado, com a superfície dourada. Para testar, enfie um palito no meio do bolo. Se sair limpo, está pronto. Deixe esfriar completamente dentro da forma. O meio deve afundar um pouco.

Enquanto o bolo está no forno, prepare a calda. Ponha todos os ingredientes em uma panela e deixe ferver. Baixe e mantenha em fogo brando por cerca de 7-10 minutos, até estar reduzido em um terço e tomar a consistência de xarope. Deixe esfriar e passe para a vasilha na qual vai servir.

Vire o bolo em uma travessa e espalhe colheradas da calda por cima, cobrindo toda a superfície. Se quiser, sirva com creme de leite ou iogurte bem espesso.

* Para fazer o iogurte grego, deixe iogurte integral natural dentro de um pano de um dia para o outro, escorrendo. O que fica dentro do pano é o iogurte grego. O líquido que escorreu pode ser usado para outros fins. (N. T.)

Bolo de semolina e amêndoas

Este bolo libanês muito gostoso, chamado sfouf, deve sua bela cor amarelada à inclusão de um pouco de cúrcuma na receita. É relativamente grande, mas se conserva muito bem em um recipiente hermeticamente fechado na geladeira por até 5 dias. Sirva com chá de hortelã ou café turco no fim de uma refeição ou na hora do chá.

RENDIMENTO: 10-12 PORÇÕES

manteiga para untar
450 g de semolina fina
150 g de farinha de trigo
1 colher (chá) de cúrcuma em pó
2 colheres (chá) de fermento
450 g de açúcar
550 ml de leite integral
2 ovos grandes, ligeiramente batidos
200 g de manteiga ligeiramente salgada, derretida
1 colher (chá) de água de flor de laranjeira (ou água de rosas)
25 g de amêndoas em lâminas
2 colheres (sopa) de geleia de damasco, aquecida, para cobrir (opcional)

Para servir (opcional)
iogurte seco
mel para regar

Preaqueça o forno a 180 graus. Unte ligeiramente com manteiga uma forma quadrada de 23 cm (ou uma redonda de 24 cm), de preferência com base removível. Forre o fundo com papel-manteiga.

Em uma vasilha grande, misture semolina, farinha de trigo, cúrcuma e fermento. Abra um buraco no meio.

Em outra vasilha, misture açúcar, leite, ovos, manteiga derretida e água de flor de laranjeira. Ponha no buraco do centro da farinha e trabalhe até ficar bem misturado. Passe para a assadeira e espalhe as amêndoas por cima.

Asse por 40-50 minutos, até o topo estar bem dourado e o bolo assado. Para testar, enfie um palito no meio. Se sair seco, está bom. Deixe na forma por mais uns 15-20 minutos antes de passar para uma travessa, onde vai acabar de esfriar. Se quiser, pincele geleia de damasco para deixar a superfície brilhante.

Parta o bolo e sirva – sozinho ou acompanhado de iogurte regado por um fio de mel.

CHINA

SEMPRE QUE VAMOS AO NOSSO RESTAURANTE CHINÊS FAVORITO, SAÍMOS SATISFEITOS. AS CRIANÇAS ADORAM, E EU SEMPRE AS ESTIMULO A EXPERIMENTAR UMA COISA DIFERENTE. COMO A CHINA É UM PAÍS MUITO GRANDE, OS ESTILOS DE COZINHA VARIAM SIGNIFICATIVAMENTE DE UMA REGIÃO PARA OUTRA. O GENGIBRE, O ALHO E A CEBOLINHA SÃO INGREDIENTES COMUNS. DIVERSOS MOLHOS À BASE DE SOJA SÃO USADOS NA CRIAÇÃO DE UMA GRANDE VARIEDADE DE PRATOS. SE VOCÊ FOR FAZER APENAS UMA RECEITA DESTE CAPÍTULO, EXPERIMENTE A BARRIGA DE PORCO – DERRETE NA BOCA E TEM UM SABOR SUBLIME.

Sopa de milho verde e caranguejo

ESTA SOPA, MUITO SIMPLES, FOI CRIADA POR IMIGRANTES chineses nos Estados Unidos. Agora, faz parte do cardápio de restaurantes chineses em quase todas as partes do mundo. O creme de milho verde dá a textura correta à sopa. Para preparar, passe o milho enlatado pelo processador, formando um purê grosso.

RENDIMENTO: 4-6 PORÇÕES

125 g de carne de caranguejo
2 claras de ovos grandes
1 colher (sopa) de amido de milho, dissolvida em 2 colheres (sopa) de água
1,2 litro de caldo de galinha
1 pedaço de 2,5 cm de gengibre, descascado e ralado
225 g de creme de milho verde
sal e pimenta-branca
2 cebolinhas, as pontas aparadas, em fatias finas

Examine a carne de caranguejo com os dedos e remova os pedaços de casca que tiverem sobrado. Em outra vasilha, bata ligeiramente as claras, até fazerem espuma, e junte-as ao caranguejo com o amido de milho. Misture bem.

Ponha o caldo em uma panela grande com o gengibre. Quando levantar fervura, junte o milho. Ferva outra vez, baixe ligeiramente o fogo e deixe por alguns minutos. Acrescente a mistura de caranguejo e um pouco de sal e pimenta-do-reino. Deixe ferver devagar, mexendo por alguns minutos, até a sopa engrossar. Prove e ajuste o tempero.

Distribua entre pratos aquecidos e espalhe a cebolinha por cima. Sirva imediatamente.

Lula crocante com sal e pimenta **e salada de pepino**

LULAS FRITAS SÃO UM PRATO MUITO APRECIADO. Praticamente todas as cozinhas têm uma versão desse prato. Nesta receita, a pimenta de Sichuan e o pó de cinco especiarias dão à lula um sabor mais acentuado. Quando fritar, mantenha o óleo em uma temperatura alta, mas constante, pois a lula deve ficar cozida e crocante rapidamente. Procure não deixar tempo demais no fogo, pois isso deixa a lula dura e borrachuda.

RENDIMENTO: 4 PORÇÕES

400 g de lulas pequenas, limpas
1/2 colher (chá) de pimenta de Sichuan
1 colher (chá) de sal
1 colher (chá) de pimenta-do-reino moída na hora
1/2 colher (chá) de pó de cinco especiarias
5 colheres (sopa) bem cheias de amido de milho
óleo vegetal para fritar

Salada de pepino:
1 pepino médio
1 cenoura média
1 pimenta vermelha, sem as sementes, em rodelas finas
1 punhado de folhas de coentro
3 colheres (sopa) de vinagre de arroz
1/2 colher (chá) de sal
1 colher (chá) de açúcar
1 colher (chá) de óleo de gergelim

Para servir:
1 pimenta vermelha, as pontas aparadas, em fatias finas, para enfeitar
1 punhado pequeno de folhas de coentro, para enfeitar
fatias de limão-taiti

Comece pela salada. Descasque o pepino e a cenoura. Parta em tiras finas, usando um instrumento apropriado. Se as tiras ficarem muito compridas, corte pela metade. Ponha as tiras em uma tigela com a pimenta vermelha e as folhas de coentro. Em uma vasilha menor, misture vinagre, sal, açúcar e óleo de gergelim. Reserve.

Corte as lulas em rodelas grossas, deixando os tentáculos intactos. Lave e seque bem com papel absorvente. Esmague as pimentas de Sichuan com o sal em um pilão, formando um pó fino. Passe para uma vasilha pequena e adicione a pimenta-do-reino, o pó de cinco especiarias e o amido de milho.

Aqueça 5 cm de óleo em uma panela wok sobre fogo alto. Teste com um pedaço de pão. Se, ao ser jogado no azeite, fizer um barulho forte, está bom. Passe os anéis e tentáculos de lula pela mistura de amido de milho, bata para tirar o excesso e ponha no azeite quente. Tome cuidado para não encher demais a panela. Você terá que trabalhar em etapas. Frite mais ou menos por um minuto, até ficarem crocantes e levemente dourados. Tire com uma escumadeira e ponha para escorrer sobre papel absorvente. Mantenha quente no forno ligado com fogo baixo enquanto prepara o restante da lula.

Misture o molho à salada de pepino e distribua entre os pratos nos quais vai servir. Ponha a lula crocante em cima e decore com as rodelas de pimenta vermelha e as folhas de coentro. Sirva com fatias de limão-taiti.

Preparando os pasteizinhos chineses

Abra a massa sobre uma superfície levemente enfarinhada. Forme uma salsicha comprida, com 2,5 cm de espessura. Parta em pedaços de 2 cm. Achate cada pedaço com a palma da mão e abra para formar um círculo fino, com cerca de 9 cm de diâmetro.

Ponha 1,5 colher (chá) de recheio no centro de um círculo. Pincele as bordas da massa com um pouco de água. Dobre a massa sobre o recheio, dando forma de meia-lua. Com cuidado, una as bordas da massa, com as pontas dos dedos. Faça algumas marcas em um lado da massa. Reserve e prepare os restantes.

Pasteizinhos de carne de porco **e camarão**

PREPARAR OS PASTEIZINHOS CHINESES é um ato de amor. O trabalho exige paciência, tempo e prática. Se está disposto a enfrentar o desafio, é melhor preparar uma quantidade grande e guardar um pouco para outra refeição. Congele os pasteizinhos ainda crus em uma travessa forrada com papel-manteiga e guarde tudo em um pote hermeticamente fechado. Descongele em temperatura ambiente antes de usar.

RENDIMENTO: 30-35 PORÇÕES

Pasteizinhos:
- 300 g de farinha de trigo, e mais um pouco para polvilhar
- 1 colher (chá) de sal
- 1 colher (sopa) de óleo
- 120-150 ml de água fria

Recheio:
- 200 g de folhas de acelga
- sal e pimenta-branca
- 250 g de carne de porco moída
- 200 g de camarões crus, sem a casca, limpos e bem picados
- 1 pedaço de 3 cm de gengibre, descascado e ralado
- 1 colher (chá) de açúcar mascavo
- 1 colher (sopa) de molho de soja light
- 1 colher (sopa) de saquê chinês (ou xerez seco)
- 2 colheres (chá) de óleo de gergelim

Molho:
- 2 colheres (sopa) de óleo de pimenta vermelha (encontrado em lojas de produtos orientais)
- 1 colher (sopa) de molho de soja light
- 1 dente de alho grande, sem a casca, bem picado
- as partes verdes de 1 cebolinha, com as pontas aparadas, bem picadas

Para preparar a massa dos pasteizinhos, misture a farinha e o sal em uma vasilha grande. Faça um buraco no centro. Derrame o azeite e 120 ml de água. Mexa com uma faca de lâmina circular até a mistura começar a formar uma massa firme. Junte um pouco mais de água, se parecer muito seco. Trabalhe a massa em uma superfície levemente enfarinhada por 5-10 minutos, até adquirir uma aparência sedosa. Forme uma bola, envolva em filme plástico e deixe descansar enquanto prepara o recheio.

Ponha as folhas de acelga em uma panela com água e sal fervendo e deixe por 2-3 minutos, até começar a enrugar. Escorra bem e acabe de secar com papel absorvente. Pique muito bem e ponha em uma vasilha grande. Junte os outros ingredientes do recheio e misture bem. Faça uma bolinha pequena de recheio, frite rapidamente e prove o tempero.

Abra a massa e faça os pasteizinhos, como explicado nas páginas anteriores.

Vai ser necessário cozinhar os pasteizinhos em etapas. Cozinhe no vapor em uma vaporeira de bambu forrada com papel-manteiga por 7-10 minutos ou, se preferir, cozinhe-os em um caldo leve por 5 minutos e escorra bem.

Enquanto os pasteizinhos cozinham, misture os ingredientes do molho. Divida por potinhos individuais. Sirva os pasteizinhos bem quentes. Quem quiser poderá mergulhar no molho antes de comer.

Pargo cozido no vapor com gengibre e cebolinhas

ESTA MANEIRA DE PREPARO CONSERVA TODOS OS MARAVILHOSOS sabores e sucos do peixe. Produz, também, um molho saboroso e aromático, perfeito para regar o arroz branco que o acompanha à mesa.

RENDIMENTO: 4 PORÇÕES

- 1 pargo com cerca de 700 g, limpo e sem escamas
- 1 pedaço de 4 cm de gengibre, descascado
- 4 cebolas pequenas novas, com as pontas aparadas
- 1 pimenta vermelha comprida, sem as sementes
- 2 colheres (sopa) de shaoxing ou saquê chinês (ou xerez seco)
- 2 colheres (sopa) de molho de soja claro
- 2 colheres (sopa) de óleo de gergelim

Faça cortes no peixe, a 2,5 cm de distância, ligeiramente na diagonal, sem chegar até o osso. Corte o gengibre, as cebolas novas e a pimenta vermelha no sentido do comprimento, formando palitos.

Distribua um pouco de gengibre e cebola numa travessa que possa ir ao forno, com tamanho suficiente para receber o peixe. Ponha o peixe na travessa e coloque gengibre, cebolas e pimenta vermelha no interior, pelo corte do meio. Regue o peixe com o saquê e o molho de soja e salpique por cima o restante do gengibre, cebolas novas e pimenta vermelha.

Ponha uma vasilha refratária de cabeça para baixo no fundo de uma panela wok grande e despeje água suficiente até chegar à metade da altura da vasilha. Ponha a tampa no wok e deixe levantar fervura. Com cuidado, coloque a travessa com o peixe dentro da panela, sobre a vasilha invertida, sem tocar os lados da panela. Tampe outra vez a panela e deixe em fogo alto até o peixe cozinhar – uma faca deve cortar com facilidade a parte mais grossa da carne. Isso leva de 10 a 15 minutos.

Quando o peixe estiver pronto, levante com cuidado a travessa da wok. Aqueça o óleo de gergelim em uma panela pequena até começar a sair fumaça e derrame imediatamente sobre o peixe. Leve à mesa e sirva logo, acompanhado de arroz e legumes.

Barriga de porco vermelha

DIZ-SE QUE ESTE ERA O PRATO PREFERIDO do líder chinês Mao Tsé-Tung. É uma especialidade de Hunan, província onde ele foi criado. É irresistivelmente suculento e delicioso de verdade. Acompanhe com arroz branco simples e um refogado de pak choi ou de outra verdura chinesa.

RENDIMENTO: 4-6 PORÇÕES

800 g de barriga de porco
1 colher (sopa) de óleo
2 colheres (sopa) de açúcar cristalizado (ou açúcar comum)
3 colheres (sopa) de molho de soja claro
3 colheres (sopa) de molho de soja escuro
1 pedaço de 3 cm de gengibre fresco, descascado e cortado em fatias finas
2 unidades de anis-estrelado
1 pau de canela
3 pimentas vermelhas secas
cerca de 200 ml de água
3 cebolinhas em fatias

Ponha uma panela grande com água no fogo. Quando ferver, baixe ligeiramente o gás. Ponha a barriga de porco na panela. Se precisar para caber na panela, corte pelo meio. Deixe no fogo por 3-4 minutos. Tire a espuma que se forma na superfície – vai haver muita. Escorra a carne e deixe esfriar um pouco. Lave a panela e ponha de volta no fogo.

Corte a carne em cubos de 2 cm. Aqueça o óleo e o açúcar em uma panela em fogo médio. Quando o açúcar estiver derretido e começando a caramelizar, junte os cubos de carne, com a parte da pele para baixo. Frite alguns minutos, até a pele começar a caramelizar.

Acrescente os molhos de soja, gengibre, anis-estrelado, canela e pimentas secas à panela. Junte água suficiente apenas para cobrir levemente a carne. Deixe em fervura lenta por cerca de 50-60 minutos, até a carne ficar bem macia.

Com uma escumadeira, passe a carne para uma travessa. Deixe o molho no fogo até reduzir bem, tomando a consistência de um xarope. Prove e ajuste o tempero. Se achar que está muito salgado, adicione um pouco de açúcar. Ponha a cebolinha, guardando um pouco para servir, e coloque de volta os pedaços de carne no fogo.

Quando estiver quente, passe os pedaços de carne para uma travessa, espalhe por cima o restante da cebolinha e sirva imediatamente.

Pato assado às cinco especiarias com molho de ameixas

Esta receita deixa a carne de pato macia e aromática e combina perfeitamente com meu perfumado molho de ameixas frescas. Sirva com cebolinhas e pepinos em tirinhas e, se quiser, acompanhe com panquecas chinesas bem finas, vendidas semiprontas em lojas de artigos orientais. O que sobrar pode ser servido mais tarde com macarrão.

RENDIMENTO: 6-8 PORÇÕES

- 1 pato com cerca de 2,25 kg
- 1 colher (chá) de sal
- 1 colher (chá) de pó de cinco especiarias
- 1 colher (chá) de pimenta-do--reino
- 1 colher (sopa) de molho de soja
- 2 colheres (sopa) de mel
- 2 colheres (sopa) de vinagre escuro chinês (ou suco de limão)

Para o molho de ameixas:

- 1 colher (sopa) de óleo
- 1 colher (chá) de gengibre fresco ralado
- 3 ameixas frescas, sem os caroços, picadas
- 1/2 colher (chá) de pó de cinco especiarias
- 1 pau de canela pequeno
- 2 unidades de anis-estrelado
- 2 colheres (sopa) de vinagre de arroz chinês
- 4 colheres (sopa) de açúcar mascavo
- 1-2 colheres (sopa) de água

Para servir:

cebolinhas em tirinhas finas
pepino em tirinhas finas

Aqueça o forno a 220 graus. Tire o máximo de gordura possível da área em volta do pescoço do pato. Em uma vasilha pequena, misture o sal, o pó de cinco especiarias e a pimenta. Faça pequenos cortes na pele do pato e esfregue com a mistura de temperos, inclusive dentro dos cortes.

Coloque o pato com o peito para cima em um suporte de metal sobre uma assadeira. Leve ao forno quente e deixe por 30 minutos.

Misture o molho de soja, o mel e o vinagre chinês em uma vasilha pequena. Derrame cuidadosamente a mistura sobre o pato e coloque um copo de água na assadeira. Baixe o forno para 190 graus e deixe por mais uma hora ou uma hora e meia, regando a cada meia hora mais ou menos, até ficar macio e assado.

Enquanto o pato está no forno, prepare o molho de ameixas. Aqueça um pouco de óleo em uma panela, ponha o gengibre e deixe até começar a dourar, de 1-2 minutos. Acrescente as ameixas picadas, o pó de cinco especiarias, a canela, o anis-estrelado, o vinagre de arroz e o açúcar. Misture bem e deixe em fogo brando por cerca de 15 minutos, até a mistura engrossar e ficar com consistência semelhante a uma geleia rala. Passe para a travessa na qual vai servir. Este molho pode ser servido quente ou em temperatura ambiente.

Quando o prato estiver pronto, cubra com papel-alumínio sem apertar muito e deixe descansar por 15-20 minutos em local quente. Corte e distribua os pedaços por uma travessa grande. Espalhe por cima as tiras de cebolinha e de pepino e sirva com o molho de ameixas.

5 opções para verdúras chinesas

Brócolis chinês com molho de ostra

Pegue 450 g de brócolis chinês (kai-lan). Lave e enxugue bem. Corte em pedaços com um dedo de comprimento. Em uma vasilha, misture 1 colher (sopa) de saquê chinês (ou xerez seco), um quarto de colher (chá) de açúcar, 3 colheres (sopa) de molho de ostra e meia colher (chá) de óleo de gergelim com 60 ml de caldo de legumes ou de galinha. Aqueça 1 colher (sopa) de óleo de amendoim em uma wok ou frigideira grande em fogo médio. Adicione 3 dentes de alho levemente amassados e frite até ficarem ligeiramente dourados. Acrescente um pedaço de 3 cm de gengibre ralado. Refogue por 30 segundos, acrescente os pedaços de brócolis chinês e deixe por mais 30 segundos. Acrescente o molho, tampe e deixe ferver por 2-3 minutos, até o brócolis ficar macio. Sirva imediatamente com arroz. RENDIMENTO: 4 PORÇÕES

Acelga (repolho chinês) **refogada com gengibre**

Aqueça 1 colher (sopa) de óleo de amendoim em uma wok. Adicione um pedaço de 3 cm de gengibre ralado. Frite em fogo alto por menos de 1 minuto, até começar a exalar. Acrescente 200 g de miniespigas de milho, cortadas no sentido do comprimento, e 200 g de castanhas-d'água enlatadas cortadas ao meio. Frite por mais 1 minuto. Acrescente meia acelga cortada em tiras finas, 4 cebolinhas picadas, 1 colher (sopa) de molho de soja claro, 2 colheres (sopa) de molho de ostra e 2 colheres (chá) de óleo de gergelim. Refogue por 2-3 minutos, até a acelga e o milho começarem a ficar macios. RENDIMENTO: 4 PORÇÕES

Pak choi (couve-da-malásia)

Aqueça 1 colher (sopa) de óleo de amendoim e 1 de óleo de gergelim sobre fogo médio em uma panela grande ou wok. Acrescente um pedaço de 2,5 cm de gengibre ralado e 2 dentes de alho muito bem picados. Refogue, mexendo sempre, por cerca de 1 minuto, até o perfume do gengibre subir. Corte um pak choi de 450 g no sentido do comprimento e ponha na panela, com o lado do corte para baixo. Deixe por cerca de 1 minuto, virando de vez em quando. Misture 60 ml de caldo de galinha ou de legumes, 1 colher (sopa) de molho de soja claro, 1 colher (sopa) de molho de soja escuro e 1 colher (sopa) de açúcar mascavo. Derrame sobre o pak choi. Deixe no fogo por 3-5 minutos, até a verdura ficar macia, mas ainda al dente. Sirva na hora. RENDIMENTO: 4 PORÇÕES

Verdura chinesa **temperada**

Corte em três pedaços as folhas de 450 g de choi sum ou pak choi. Ponha em uma panela com água fervendo. Afervente por 2-3 minutos, até as folhas começarem a enrugar, os talos ainda um pouco duros. Escorra, passe por água gelada e volte a escorrer muito bem. Aqueça 2 colheres (sopa) de óleo de amendoim em uma panela ou wok em fogo entre médio e alto. Junte 3 dentes de alho muito bem picados e 2 pimentas vermelhas em fatias finas. Refogue por 30 segundos ou até começar a espalhar o perfume. Junte as folhas aferventadas e mexa bem. Acrescente 2 colheres (sopa) de molho de soja, 1 colher (sopa) de molho de ostra e uma ralada de pimenta-branca. Deixe no fogo até as folhas ficarem bem quentes. RENDIMENTO: 4 PORÇÕES

Espinafre chinês refogado

Coloque uma wok em fogo alto e junte 1½ colher (sopa) de óleo de amendoim. Quando estiver quente, ponha 3 dentes de alho bem picados e refogue por meio minuto, até ficarem levemente dourados. Acrescente 500 g de espinafre chinês e refogue por 1-2 minutos, até as folhas começarem a enrugar. Adicione 2 colheres (chá) de pasta de feijão fermentado, 1½ colher (sopa) de molho de ostra e pimenta-branca moída na hora. Refogue até as folhas ficarem muito bem envolvidas pelo molho. Sirva na hora. RENDIMENTO: 4 PORÇÕES

Vagens e cogumelos em molho de soja preta

É UM REFOGADO DE VERDURAS FÁCIL E RÁPIDO. O feijão-soja preto fermentado é encontrado em lojas de artigos orientais e em alguns supermercados. São grãos de feijão-soja pretos salgados, fermentados e secos, às vezes perfumados com pimenta vermelha ou gengibre. Normalmente são lavados antes do uso, para tirar o excesso de sal.

RENDIMENTO: 4 PORÇÕES

400 g de vagens, com as pontas aparadas
225 g de cogumelos shiitake
2 colheres (sopa) de óleo de amendoim ou outro óleo vegetal
1 colher (sopa) de feijões-soja pretos fermentados, lavados e enxugados
2 dentes de alho grandes, picados

Molho:
2 colheres (sopa) de vinagre chinês de arroz
2 colheres (sopa) de saquê chinês (ou xerez seco)
2 colheres (sopa) de molho de soja light
1 colher (sopa) de molho de ostra
1 colher (chá) de açúcar
1 colher (chá) de amido de milho, dissolvido em 2 colheres (sopa) de água

Corte as vagens em pedaços do tamanho de um dedo e pique os cogumelos. Misture todos os ingredientes do molho em uma vasilha e reserve.

Aqueça o óleo em uma panela wok sobre fogo entre médio e alto. Ponha a soja e o alho e frite meio minuto, até começar a exalar. Acrescente as vagens e um pouquinho de água. Refogue uns 2 minutos e acrescente os cogumelos. Deixe no fogo por mais 1 minuto ou 2.

Derrame o molho sobre as vagens e cogumelos e misture bem. Deixe cozinhar por mais uns 2 minutos, até o molho começar a engrossar e as vagens ficarem macias, mas ainda al dente. Passe para uma travessa aquecida e leve à mesa.

Arroz frito à cantonesa

É uma excelente maneira de se aproveitar sobras de arroz. É melhor fazer com sobras do que com arroz feito na hora, pois fica menos pegajoso e é mais fácil de fritar. Mas preste atenção: as sobras precisam ficar na geladeira e só pode ser usado arroz feito no dia anterior. Pode substituir os camarões por cubinhos de frango, carne de porco assada ou presunto. As verduras também podem variar. Pimentão em quadrados, abobrinha e milho verde vão muito bem.

RENDIMENTO: 4 PORÇÕES

100 g de camarões crus, descascados
4 colheres (sopa) de óleo de amendoim ou outro óleo vegetal
1 cebola, sem a casca, picada
2 dentes de alho grandes, descascados, bem picados
1 cenoura, descascada, em cubinhos
sal e pimenta-branca
50 g de ervilhas em grão, na temperatura ambiente (se usar congeladas)
2 ovos médios batidos com uma pitada de sal
cerca de 400 g de arroz cozido no dia anterior
3-4 cebolinhas, sem as pontas, em rodelas
2 colheres (sopa) de molho de soja claro, ou a gosto

Tire as tripas dos camarões. Se forem muito grandes, pique grosseiramente. Cubra e reserve.

Ponha metade do óleo em uma panela wok sobre fogo entre médio e alto. Junte a cebola, o alho, a cenoura, uma pitada de sal e outra de pimenta. Refogue por 2-3 minutos, até começar a ficar macio.

Acrescente os camarões e as ervilhas e refogue até os camarões começarem a ficar rosados. Empurre os ingredientes para um lado da wok e coloque mais um pouco de óleo no outro lado. Derrame os ovos batidos no óleo. Frite, mexendo de vez em quando para desmanchar. Quando os ovos estiverem quase prontos, misture-os aos outros ingredientes.

Se necessário, ponha um pouco mais de óleo. Junte então o arroz e as cebolinhas. Derrame um pouco de molho de soja e deixe por 3-4 minutos, até o arroz estar bem quente. Prove e verifique o sal antes de servir.

Salada de frutas com calda de anis-estrelado

UM PRATO SIMPLES DE FRUTAS FRESCAS, como laranjas em rodelas, costuma encerrar as refeições na China. Esta salada de frutas exóticas segue o mesmo princípio, oferecendo um final leve e refrescante. Não há regras rígidas. A seleção da receita é apenas uma sugestão. Substitua as frutas pelas que quiser.

RENDIMENTO: 4 PORÇÕES

200 g de lichias
1 manga grande bem madura
1 carambola, as pontas aparadas
1 pitaia grande
2 caquis

Calda de anis-estrelado:
75 g de açúcar
suco de 1 limão-taiti
2 unidades de anis-estrelado
150 ml de água

Para servir (opcional):
umas poucas folhas de hortelã picadas
1 punhado pequeno de folhas de coentro

Comece pela calda. Ponha todos os ingredientes em uma panela e leve ao fogo médio, mexendo até o açúcar se dissolver. Aumente um pouco a chama e deixe ferver por 7-8 minutos, até engrossar ao ponto de um xarope ralo. Tire do fogo e espere esfriar completamente.

Prepare as frutas: descasque e tire os caroços das lichias; descasque, tire o caroço e corte a manga em fatias; corte a carambola; parta a pitaia em fatias; descasque e corte os caquis em fatias.

Arrume as frutas de forma bem bonita em uma travessa grande. Regue com a calda de anis-estrelado. Se não usar tudo, guarde na geladeira para empregar em outras saladas de frutas. Cubra a travessa com filme plástico e deixe na geladeira meia hora antes de servir.

Se for usar, espalhe por cima as folhas de hortelã e coentro picadas.

Crocantes de massa wonton e gergelim com sorvete de gergelim

ESTE SORVETE PODE NÃO TER uma aparência convidativa, mas tem um sabor maravilhosamente intenso de gergelim. Se quiser um sabor menos forte — e uma aparência melhor —, use as sementes de gergelim brancas, em vez das pretas. Os crocantes de massa wonton e gergelim contribuem para uma textura interessante. Mas, se não tiver tempo de prepará--los, sirva o sorvete com biscoitos.

RENDIMENTO: 4 PORÇÕES

Sorvete de gergelim:

- 85 g de sementes de gergelim pretas (ou brancas)
- 4 gemas de ovos grandes
- 100 g de açúcar
- 250 ml de leite integral
- 250 ml de creme de leite fresco grosso

Crocantes de wonton e gergelim:

- 8 folhas de massa wonton, descongeladas se for o caso
- 1 ovo médio, ligeiramente batido
- 1 colher (sopa) de sementes de gergelim (pretas, brancas ou misturadas)
- óleo de amendoim ou outro óleo vegetal para fritar
- açúcar de confeiteiro para polvilhar

Para fazer o sorvete, toste as sementes de gergelim em uma panela seca, mexendo constantemente, até ficarem perfumosas e levemente douradas. Coloque em uma vasilha, deixe esfriar e moa em um processador pequeno, formando uma pasta bem fina.

Bata as gemas e o açúcar juntos até a mistura ficar cremosa. Ponha o leite e metade do creme em uma panela pesada e leve ao fogo médio. Deixe por 1 minuto em fogo brando e então despeje um pouco sobre as gemas. Pouco a pouco, junte as gemas ao restante do leite, na panela. Vá mexendo com uma colher de pau, sobre fogo entre médio e baixo, até a mistura engrossar o suficiente para cobrir levemente as costas da colher.

Misture a pasta de gergelim ao mingau quente. Se quiser uma textura bem macia, passe por uma peneira. Coloque em uma vasilha com água gelada para esfriar. Bata o restante do creme até formar montinhos e misture ao mingau já frio. Passe para uma máquina de fazer sorvete e bata até quase estar congelado. Passe para uma vasilha adequada e ponha no congelador. Deixe até endurecer.

Para fazer os crocantes, corte cada folha de wonton em quatro tiras compridas. Abra cortes no sentido do comprimento no centro de cada tira, como casas de botão, e passe uma das pontas por ele, para dar a forma tradicional. Pincele cada um com ovo batido e cubra com uma camada leve de sementes de gergelim. Espalhe sobre uma tábua.

Ponha óleo até 3-4 cm de altura em uma wok ou panela pesada funda. Quando estiver quente, comece a fritar os crocantes. Deixe até ficarem inteiramente dourados, por 1-2 minutos de cada lado. Tire com uma escumadeira e coloque sobre papel absorvente. Deixe esfriar e polvilhe com açúcar de confeiteiro antes de servir.

Para servir, coloque uma ou duas colheres de sorvete em cada vasilha e coloque alguns crocantes por cima.

TAILÂNDIA

A CARACTERÍSTICA MAIS MARCANTE DA COZINHA TAILANDESA É SER INTENSAMENTE PERFUMOSA. INGREDIENTES COMO LIMÃO-TAITI, COCO, CAPIM-LIMÃO E FOLHAS DE LIMOEIRO DEIXAM OS PRATOS AGRADAVELMENTE AROMÁTICOS. ÀS VEZES, PODE SER TAMBÉM MUITO PICANTE. MAS ESTÁ SEMPRE REPLETA DE SABORES FANTÁSTICOS. ACREDITO QUE SEJA MUITO SAUDÁVEL E TEM A PROPRIEDADE DE CAUSAR BEM-ESTAR ÀS PESSOAS. COMO ACONTECE COM A COZINHA INDIANA, A TAILANDESA ENVOLVE MUITO MAIS DO QUE CURRIES. UM CONSELHO: NUNCA ABRA MÃO DA QUALIDADE DOS INGREDIENTES. A CHAVE DA COZINHA TAILANDESA É O FRESCOR. TUDO, PORTANTO, PRECISA ESTAR NA MELHOR CONDIÇÃO.

Bolinhos de peixe com pepino picante

BOLINHOS DE CAMARÃO E PEIXE DE CARNE BRANCA AO CURRY são deliciosos. Mas você precisa servi-los logo que ficarem prontos, pois perdem qualidade quando são requentados. Para garantir uma textura interessante, é importante não moer demais a mistura de peixe e camarão.

RENDIMENTO: 10-12 PORÇÕES

250 g de filés de peixe de carne branca, sem a pele
250 g de camarões grandes, sem a casca e sem as tripas
1 colher (sopa) de pasta tailandesa de curry vermelho
1 folha de limoeiro kaffir, muito bem picada (ou a casca muito bem ralada de 1 limão-taiti)
1 colher (sopa) de coentro picado
1 ovo médio
1 colher (chá) de açúcar de palmeira (ou açúcar mascavo)
1 colher (chá) de molho de peixe
1 pitada de sal e óleo para fritar
30 g de vagens-macarrão, estreitas, as pontas aparadas, em rodelas finas

Pepino picante:
1 pepino
1/2 pimenta vermelha pequena, sem as sementes, em rodelas finas
1 cebola, descascada, em rodelas finas
suco de 2 limões-taiti
2 colheres (sopa) de açúcar
1/2 colher (chá) de sal
2-3 colheres (sopa) de água
1 punhado pequeno de folhas picadas de coentro
1 punhado pequeno de folhas picadas de hortelã

Vamos começar pelo pepino. Descasque o pepino e corte em quatro, no sentido do comprimento. Tire o centro e as sementes com uma colher de chá. Parta em fatias, em diagonal, e ponha em uma tigela. Junte a pimenta vermelha e a chalota. Misture e reserve.

Ponha suco de limão, açúcar, sal e água em uma panela pequena e deixe levantar fervura, mexendo sempre para dissolver o açúcar. Ferva por alguns minutos, até começar a engrossar, tire do fogo e reserve. Deixe esfriar completamente.

Ponha todos os ingredientes dos bolinhos, menos as vagens e o óleo, em um processador. Bata, pulsando, até formar uma pasta fina e úmida. Não processe demais, para não prejudicar a textura dos bolinhos.

Passe a mistura para uma vasilha e junte as vagens. Para testar o tempero, frite uma bolinha de massa em uma panela com óleo e prove. Se necessário, ajuste o tempero com a massa ainda crua, juntando um pouco mais de sal ou açúcar. Com as mãos molhadas, forme bolinhos achatados, com 5 cm de diâmetro, cada um levando cerca de 2 colheres (sopa) da mistura.

Aqueça uma camada de 2-3 cm de óleo em uma frigideira funda ou wok. Frite os bolinhos, por 1-2 minutos de cada lado, até ficarem com uma cor castanho-dourada. Passe para uma travessa forrada com papel absorvente e mantenha quente, no forno com a temperatura bem baixa, enquanto prepara os bolinhos restantes.

Quando todos os bolinhos estiverem prontos, derrame o molho sobre o pepino e espalhe as ervas picadas. Sirva os bolinhos ainda quentes, acompanhados pelo pepino.

Frango em sopa de coco picante

ESTA SOPA MARAVILHOSAMENTE AROMÁTICA, chamada tom ka gai, é uma das entradas tailandesas das quais mais gosto. A receita é muito fácil e é preparada rapidamente. Como um jantar no meio da semana, sirva porções maiores, misturando macarrão de arroz aferventado e um punhado de brotos de feijão e folhas de coentro. Simples e delicioso.

RENDIMENTO: 4-6 PORÇÕES

2 peitos de frango, sem osso e sem pele, cerca de 250 g
sal e pimenta-do-reino
400 ml de leite de coco light
600 ml de água
1 pedaço de 3 cm de gengibre, descascado e fatiado
4 folhas de limoeiro kaffir, rasgadas pelo meio (ou a casca de 1 limão-taiti em pedacinhos)
1 talo de capim-limão, com as pontas aparadas, cortado ao meio no sentido do comprimento
2 pimentas vermelhas, cortadas ao meio no sentido do comprimento, sem as sementes
1 colher (sopa) de açúcar de palmeira (ou açúcar mascavo claro)
2 1/2 colheres (sopa) de molho de peixe
2 colheres (sopa) de suco de limão-taiti, ou a gosto
100 g de cogumelos, limpos
1 punhado de folhas de coentro para decorar

Fatie os peitos de frango, cortando contra o sentido dos fios da carne, e pique em pedaços pequenos, que caibam na boca. Coloque em uma vasilha, tempere com um pouco de sal e pimenta-do-reino e reserve.

Ponha o leite de coco em uma panela e misture a água, usando a embalagem do coco para medir a água. Acrescente gengibre, folhas de limoeiro, capim-limão, pimenta vermelha, açúcar, molho de peixe e suco de limão. Cozinhe em fogo brando, mexendo de vez em quando, por cerca de 5 minutos, para que os sabores se misturem.

Adicione os cogumelos e cozinhe devagar por mais 2-3 minutos. Acrescente o frango, misture bem e deixe em fogo brando até o frango estar bem cozido. Vai levar apenas de 1-2 minutos. Prove e ajuste o tempero se necessário.

Sirva em pratos aquecidos, descartando gengibre, capim-limão, pimentas e folhas, se quiser. Tradicionalmente, estes ingredientes são deixados na sopa, mas não são ingeridos. Enfeite os pratos com folhas de coentro e sirva imediatamente.

Pasta tailandesa de curry vermelho

Você vai precisar de 6-7 pimentas vermelhas compridas. Esfregue as pimentas com os dedos para soltar as sementes, corte a parte de cima com o cabinho e esprema para as sementes saírem. Pique as pimentas e lave muito bem as mãos.

Passe as pimentas pelo processador com 4 chalotas picadas, 5-6 dentes de alho picados, 1 pedaço de 4 cm de gengibre picado, 1 talo de capim-limão, com as pontas aparadas, muito bem picado, 1 folha de limoeiro kaffir bem picada (ou a casca ralada de 1 limão-taiti) e um punhado de galhinhos de coentro picados sem as folhas. Moa até formar uma pasta fina, acrescentando, conforme o necessário, 1-2 colheres (sopa) de óleo.

Com um pilão, moa 1 colher (chá) de sementes de coentro levemente tostadas e 1 de cominho com 1½ colher (chá) de pimenta-do-reino e 1 colher (chá) de sal, até formar um pó fino. Passe para o processador e adicione 1 colher (chá) de pasta de camarão, se quiser. Bata até ficar tudo bem moído e misturado. Para conseguir uma pasta bem úmida e uniforme, você vai ter que parar o aparelho diversas vezes para raspar o que se acumula nas laterais. Guarde o curry em um pote com tampa de rosca. Ponha na geladeira. Conserva-se por uma semana. **RENDIMENTO: 280 g**

Satay de carne de porco com molho de amendoim

SATAY É UM PRATO MUITO POPULAR, vendido nas ruas da Tailândia. Esta receita é preparada com carne de porco, mas também podem ser usados frango, carne bovina, lula e camarão. Para chegar ao melhor sabor, deixe a carne bastante tempo na vinha-d'alhos. Isso também ajuda a deixar a carne mais macia. O satay fica melhor quando é preparado em churrasqueira, pois adquire um sabor levemente defumado. Mas também pode ser feito na grelha.

RENDIMENTO: 4-6 PORÇÕES

500 g de lombinho ou filé de porco
125 ml de leite de coco comprado pronto
1 pedaço de 3 cm de gengibre descascado e ralado
1 haste de capim-limão, com as pontas aparadas, a parte branca muito bem picada
1 colher (chá) de cúrcuma em pó
2 colheres (chá) de sementes de coentro moídas
2 colheres (chá) de cominho moído
1/2 colher (chá) de sal
pimenta-do-reino moída na hora
1-2 colheres (chá) de açúcar
óleo de amendoim ou outro óleo vegetal para pincelar

Molho de amendoim tailandês:
100 g de amendoim torrado, sem a casca, sem sal
200 ml de leite de coco comprado pronto
4-5 colheres (sopa) de pasta tailandesa de curry vermelho (ver pág. 186)
1 1/2 colher (chá) de sal
1-2 colheres (sopa) de açúcar de palmeira (ou açúcar mascavo claro)
2-3 colheres (sopa) de pasta de tamarindo (ou suco de limão-taiti)

Parta a carne em tiras finas e compridas, contra o fio. Misture os outros ingredientes, com a exceção do óleo, em uma vasilha grande. Coloque a carne e mexa para cobrir bem. Envolva com filme plástico e deixe na geladeira por pelo menos uma hora, de preferência de um dia para o outro. Ponha de 8-12 espetos de bambu de molho em água morna. Isso vai impedir que eles queimem no fogo.

Prepare o molho de amendoim. Passe o amendoim por um processador, pulsando, até os grãos ficarem reduzidos a um pó, bem fino ou mais grosso, a seu gosto. Ponha em uma vasilha. Pegue com uma colher a camada mais grossa e cremosa que se forma na superfície do leite de coco e passe para uma panela. Aqueça em fogo brando e, quando o óleo separar-se do resto, junte a pasta de curry. Deixe no fogo até começarem a exalar.

Adicione o restante do leite de coco e o amendoim. Acrescente sal, açúcar e pasta de tamarindo e deixe em fogo brando, mexendo frequentemente, até começar a engrossar. Se engrossar demais, ponha um pouquinho de água fervendo. Passe para uma vasilha e deixe esfriar completamente.

Aqueça a churrasqueira ou grelha. Passe a carne temperada pelos espetos de bambu molhados. Pincele a carne com um pouquinho de óleo para que ela não resseque e se prenda à grelha. Deixe no fogo por 1,5-2 minutos de cada lado. Sirva quente, acompanhado pelo molho de amendoim.

Vermelho com molho de pimenta, tamarindo e limão

Esta é minha versão de uma receita de peixe da qual gostei muito, numa visita que fiz há vários anos à Tailândia. O peixe fica imerso em um molho ao mesmo tempo doce, ácido e picante. Esta receita usa vermelho (ou pargo, no Norte do Brasil), mas pode ser feita com qualquer peixe de carne branca e firme.

RENDIMENTO: 4 PORÇÕES

4 filés de vermelho, com cerca de 100-120 g cada um
sal e pimenta-do-reino
2 colheres (sopa) de óleo de amendoim ou outro óleo vegetal
1 punhado de folhas de espinafre baby (opcional)

Molho:

1 1/2 colher (sopa) de óleo de amendoim ou outro óleo vegetal
4 pimentas vermelhas compridas picadas, sem as sementes
6 dentes de alho, sem a casca, picados
4 cebolinhas, cortadas em fatias finas na diagonal
2 colheres (sopa) de suco de limão--taiti
4 colheres (sopa) de pasta de tamarindo (ou suco de limão-taiti)
2 colheres (sopa) de molho de soja
2 colheres (sopa) de molho de peixe
2 colheres (sopa) de açúcar de palmeira (ou açúcar mascavo claro)
2 colheres (sopa) de água

Examine o peixe. Se encontrar alguma espinha, tire com uma pinça de cozinha. Reserve, deixando em temperatura ambiente.

Para fazer o molho, aqueça o óleo em uma panela sobre fogo médio. Coloque a pimenta vermelha e o alho e refogue, mexendo frequentemente, por 1-2 minutos, até exalar. Junte os outros ingredientes, misture bem e deixe em fogo brando entre 5-10 minutos, até o molho adquirir a consistência de uma geleia rala. Se engrossar demais, adicione uma quantia bem pequena de água.

Tempere os filés de peixe com sal e pimenta-do-reino. Aqueça o óleo em uma panela larga, de preferência antiaderente. Frite os filés, com o lado da pele para baixo, durante 1 minuto e meio, até a pele ficar levemente dourada e o peixe estar cerca de dois terços cozido. Vire e frite o outro lado por 30 segundos, até a carne ficar opaca, mas ainda um pouco dura quando tocada.

Para servir, espalhe o molho às colheradas em pratos aquecidos. Se quiser, coloque uma camada de folhas de espinafre antes de pôr um filé em cada prato. Sirva imediatamente, com arroz jasmim.

Carne bovina com curry verde perfumado

SE VOCÊ GOSTAR DESTE CURRY, A RECEITA pode ser preparada com qualquer tipo de carne macia, incluindo frango ou peixe de carne firme. O verde da pasta tende a ficar desbotado com o preparo, mas o perfume e os sabores se intensificam com o calor. Se preferir menos picante, coloque menos pimenta. A quantidade de curry é maior do que a necessária para esta receita, mas, como a pasta de curry vermelha (pág. 186), pode ser guardada em vidros com tampa de rosca na geladeira por até uma semana.

RENDIMENTO: 4 PORÇÕES

Pasta de curry verde:

10 pimentas-verdes compridas
3 cebolas, sem a casca
6 dentes de alho, sem a casca
1 pedaço de 4 cm de gengibre, descascado
os cabinhos de 1 maço de coentro
2 talos de capim-limão, as pontas aparadas
3 folhas de limoeiro kaffir (ou as cascas muito bem raladas de 2 limões-taiti)
1-2 colheres (sopa) de óleo
1 colher (sopa) de coentro em grão
1 colher (chá) de cominho em grão
1/2 colher (chá) de pimenta-do-reino em grão
1 colher (chá) de sal e 1 colher (chá) de pasta de camarão (opcional)

Curry de carne:

450 g de filé ou contrafilé bovino
5 miniberinjelas (ou 1 normal pequena), as pontas aparadas
1 colher (sopa) de óleo
400 ml de leite de coco comprado pronto
2 pimentas vermelhas, cortadas ao meio no sentido do comprimento
2 folhas de limoeiro kaffir, rasgadas ao meio
1 1/2 colher (sopa) de molho de peixe
1 colher (chá) de açúcar de palmeira (ou açúcar mascavo)
1 punhado de folhas de manjericão tailandês ou coentro, rasgadas

Comece pela pasta de curry. Pique grosseiramente as pimentas-verdes, as cebolas, o alho, o gengibre e os cabinhos de coentro. Ponha no processador. Pique muito bem os talos de capim-limão e as folhas de limoeiro e coloque também no processador. Faça uma pasta fina, juntando 1-2 colheres de óleo se necessário.

Torre as sementes de coentro e cominho em uma frigideira funda sobre fogo médio durante cerca de um minuto, até liberarem o aroma. Amasse as sementes torradas, a pimenta e o sal em um pilão até formar um pó fino. Ponha no processador e acrescente a pasta de camarão, se estiver usando. Bata até tudo ficar bem misturado, parando de vez em quando para raspar os lados da vasilha.

Para preparar o curry, corte a carne em pedaços que caibam na boca e reserve. Corte as berinjelas da mesma forma e também reserve.

Aqueça o óleo em uma panela grande ou wok. Junte 3-4 colheres (sopa) da pasta do curry e deixe em fogo brando até liberar o aroma. Adicione o leite de coco e deixe levantar fervura. Quando o óleo se separar do resto, junte berinjelas, pimentas vermelhas, folhas de limoeiro, molho de peixe e açúcar. Deixe no fogo por 3-4 minutos, até as berinjelas ficarem macias, junte a carne e deixe por mais 2 minutos. Tire do fogo.

Ponha em pratos aquecidos e espalhe as folhas de manjericão ou coentro por cima. Sirva imediatamente, acompanhado de arroz jasmim bem quente.

Frango refogado com **castanha-de-caju**

TAL COMO ACONTECE NA COZINHA CHINESA, é comum o uso de castanhas em refogados tailandeses. É importante lembrar que, para fazer o refogado, é necessário ter todos os ingredientes prontos, com as verduras cortadas, antes de ir para o fogão. Depois disso, porém, o prato estará pronto em alguns minutos.

RENDIMENTO: 4 PORÇÕES

2-3 peitos de frango sem osso e sem pele, cerca de 400 g no total
sal e pimenta-do-reino
2 colheres (sopa) de óleo de amendoim ou outro óleo vegetal
50 g de castanhas-de-caju
1 cebola pequena em rodelas
3 dentes de alho picados
1 pimenta vermelha seca, em pedaços de 1 cm
3 cebolinhas, cortadas na diagonal em pedaços de 3 cm
1 1/2 colher (sopa) de molho de peixe
1 colher (sopa) de molho de soja escuro
1 pitada de açúcar
1 pimenta vermelha, sem as sementes, cortada na diagonal

Corte os peitos de frango em pedaços pequenos. Tempere com 1 pitada de sal e 1 de pimenta-do-reino. Reserve.

Aqueça o óleo em uma wok ou frigideira larga. Ponha as castanhas-de-caju e deixe em fogo médio até ficarem ligeiramente douradas. Tire da panela com uma escumadeira e reserve.

Ponha a cebola e o alho na wok e deixe refogar por 3-4 minutos. Espalhe a pimenta seca e, então, coloque os pedaços de frango. Deixe por uns 2 minutos, até o frango ficar opaco. Junte cebolinhas, molho de peixe, molho de soja e a pitada de açúcar e refogue por mais 1 minuto. Por último, acrescente a pimenta vermelha e as castanhas-de-caju. Misture bem e desligue o fogo.

Ponha em uma travessa aquecida ou distribua por pratos aquecidos e sirva imediatamente, com arroz jasmim feito na hora.

Verduras refogadas **picantes**

Use a combinação de verduras que quiser, mas tome o cuidado de misturar bem as cores. Também evite cozinhar demais os ingredientes. As verduras devem ficar macias, mas ainda crocantes quando mordidas.

RENDIMENTO: 4 PORÇÕES

1 cebola grande em rodelas
1 cenoura média, sem a casca, fatiada na diagonal
2 dentes de alho picados
1 pedaço de 3 cm de gengibre, descascado, cortado em palitos
100 g de cogumelos shiitake, limpos, em fatias
1 pimentão vermelho, sem o centro e as sementes, em tiras
1 cabeça de brócolis pequena, separada em buquês
3 cebolinhas, com as pontas aparadas, cortadas no comprimento de 1 dedo
2 colheres (sopa) de óleo de amendoim ou outro óleo vegetal

Molho:

3 colheres (sopa) de caldo de galinha ou de legumes
2 colheres (sopa) de molho de peixe, ou a gosto
2 colheres (sopa) de molho de soja claro
1 colher (sopa) de suco de limão-taiti, ou a gosto
1 colher (sopa) de mel (ou de açúcar), ou a gosto
2 colheres (chá) de amido de milho, dissolvido em 3 colheres (sopa) de água
1 pitada de pimenta vermelha em flocos

Deixe prontos para ir à panela todas as verduras e temperos. Misture os ingredientes do molho em uma tigela.

Ponha uma wok ou frigideira larga sobre fogo médio. Derrame o óleo e balance a panela para espalhar bem. Coloque a cebola e refogue por 1 minuto. Adicione a cenoura, o alho e o gengibre e deixe no fogo por mais 1 minuto. Acrescente os cogumelos e refogue por mais 2 minutos, até a cenoura começar a amaciar.

Junte o pimentão, o brócolis e as cebolinhas à panela. Derrame o molho por cima. Refogue por mais 2-3 minutos, até o pimentão e os brócolis começarem a amaciar. Prove e ajuste o tempero, adicionando um pouco de molho de peixe, suco de limão ou mel, se achar necessário.

Distribua por travessas ou pratos aquecidos e sirva imediatamente.

Pad Thai
com camarões

ESTE É UM DOS MAIS POPULARES PRATOS dos menus dos restaurantes tailandeses. Pode ser preparado com facilidade em casa. Só tome o cuidado de não encher demais a panela. Se quiser aumentar as quantidades desta receita, para servir mais convidados, por exemplo, cozinhe o macarrão em etapas, duas porções por vez.

RENDIMENTO: 2 PORÇÕES

125 g de macarrão de arroz, fino ou médio
1 1/2 colher (sopa) de açúcar
2 colheres (sopa) de molho de peixe
2 colheres (sopa) de pasta de tamarindo (ou suco de limão-taiti)
4 colheres (sopa) de óleo
1 cebola, picada
2 dentes de alho grandes, picados
1/2 pimenta vermelha, sem as sementes, bem picada
100 g de camarões limpos e sem a casca, crus
2 ovos médios
60 g de broto de feijão
as partes verdes de 2 cebolinhas, cortadas em pedaços com o comprimento de 1 dedo
3 colheres (sopa) de amendoins torrados, picados
fatias de limão-taiti, para servir

Coloque o macarrão de molho em água fervente por 10 minutos, até ficar macio e flexível, mas não mole demais, ou siga as instruções da embalagem, pois alguns tipos de macarrão de arroz industrializado precisam ser levados ao fogo. Quando ficar pronto, escorra o macarrão e reserve.

Misture bem o açúcar, o molho de peixe e a pasta de tamarindo em uma vasilha pequena.

Aqueça metade do óleo em uma wok ou frigideira antiaderente grande. Quando estiver bem quente, ponha a cebola, o alho e a pimenta vermelha e refogue em fogo médio até a mistura ficar perfumosa. Acrescente os camarões e refogue por uns 2 minutos, até eles ficarem avermelhados e opacos. Com uma escumadeira, passe os camarões para uma travessa e reserve.

Ponha o macarrão escorrido na panela com o molho, junto com um pouquinho de água. Refogue por alguns minutos, até ficar macio. Empurre os ingredientes para um dos lados da panela e coloque um pouquinho de óleo no outro lado. Quebre os ovos sobre o óleo e vá mexendo, desmanchando, até eles ficarem quase totalmente fritos. Misture ao macarrão.

Coloque os camarões de volta na panela. Junte os brotos de feijão e a cebolinha. Deixe um pouco no fogo, até ficarem ligeiramente murchos, mas ainda al dente.

Distribua por travessas rasas aquecidas e salpique o amendoim picado. Sirva imediatamente com fatias de limão.

Bolinhos de banana com sementes de gergelim

GOSTO DE COMER ESTES BOLINHOS QUENTES, tendo como contraponto uma colher de sorvete gelado de creme ou de baunilha. Para sentir toda a sua maravilhosa textura, é melhor consumi-los assim que saem do fogo.

RENDIMENTO: 6-8 PORÇÕES

5-6 bananas grandes, firmes mas maduras
óleo de amendoim ou outro óleo vegetal para fritar
açúcar de confeiteiro para polvilhar

Massa:
2 colheres (sopa) de coco seco ralado
100 g de farinha de arroz
100 g de amido de milho
4 colheres (sopa) de sementes de gergelim
1 colher (chá) de sal bem fino
2 colheres (sopa) de açúcar
225-275 ml de água

Comece pela massa na qual vai empanar as bananas. Ponha o coco ralado, a farinha de arroz, o amido de milho, o gergelim, o sal e o açúcar em uma vasilha grande. Misture bem e faça um buraco no centro. Despeje a água no buraco e mexa até ficar tudo bem ligado, com a massa lisa e sem caroços. Deve ficar relativamente espesso.

Cerca de 10 minutos antes da hora de servir, descasque as bananas e corte cada uma em 3 ou 4 pedaços. Aqueça uma camada de 5-6 cm de óleo em uma wok ou panela funda com a base pesada. Para testar se o óleo chegou à temperatura adequada, ponha uma bolinha de massa na panela. Se fizer imediatamente barulho de fritura, está bom.

Faça os bolinhos em etapas. Mergulhe os pedaços de banana na massa até ficarem bem cobertos e coloque cuidadosamente no óleo quente. Deixe alguns minutos, virando uma vez, até ficarem bem douradinhos. Tire e escorra em papel absorvente. Mantenha quente enquanto prepara o restante.

Polvilhe ainda quente com o açúcar de confeiteiro e leve imediatamente à mesa.

Arroz-doce com manga, limão e coco

UM PRATO MUITO PERFUMADO. Pode ser servido quente ou gelado, como preferir. Se servir gelado, só prepare e junte a manga na hora de servir.

RENDIMENTO: 4-6 PORÇÕES

- 250 g de arroz jasmim
- 400 ml de leite de coco comprado pronto (se preferir, o light)
- 80 g de açúcar
- 1 fava de baunilha, aberta ao meio no sentido do comprimento
- 2-3 colheres (sopa) de coco ralado
- 1 manga madura
- 150 ml de creme de leite fresco encorpado

Para servir:

- 1 punhado de pistaches picados
- 1 limão-taiti, para ralar a casca

Ponha o arroz, o leite de coco, o açúcar e a baunilha em uma panela. Coloque em fogo brando e deixe, mexendo frequentemente, até levantar fervura. Cubra a panela e deixe no fogo por 15-20 minutos, até o arroz ficar macio.

Torre levemente o coco ralado em uma frigideira seca sobre fogo médio, até ficar dourado-escuro, balançando frequentemente a panela. Passe para um prato e deixe esfriar. Descasque a manga e corte em pedaços, sem usar a parte muito próxima ao caroço.

Quando o arroz estiver pronto, tire a panela do fogo e remova a fava de baunilha. Misture o coco ralado, o creme de leite e os pedaços de manga e mexa até ficar tudo muito bem combinado. Cubra outra vez e espere de 2-3 minutos.

Distribua o arroz-doce pelos pratinhos de servir. Polvilhe com os pistaches picados e rale um pouco da casca do limão por cima antes de levar à mesa.

ÍNDIA

JÁ FIZ DIVERSAS VIAGENS À ÍNDIA E SOU PROFUNDO APRECIADOR DA DIVERSIDADE DA COZINHA DE LÁ. NÃO SE TRATA APENAS DE UMA QUESTÃO DE GEOGRAFIA. AS DIVERSAS RELIGIÕES DETERMINAM OS INGREDIENTES A SEREM USADOS. NO EXTREMO NORDESTE, AS CARNES DE PORCO E BOVINA ESTÃO SEMPRE PRESENTES NA DIETA LOCAL. NA MAIOR PARTE DO PAÍS, PORÉM, A VACA É UM ANIMAL SAGRADO E NUNCA SERVE COMO ALIMENTO. EM GOA E KERALA, NO SUL, AS RECEITAS TÊM UM TOQUE QUE LEMBRA MUITO O DA TAILÂNDIA, COM O USO DO COCO E DE ESPECIARIAS SUAVES. A IDEIA DE QUE A COZINHA INDIANA SE RESUME A CURRIES PICANTES, CAPAZES DE FAZER SUA CABEÇA EXPLODIR, ESTÁ MUITO LONGE DA REALIDADE, E VOCÊ PODERÁ CONSTATAR ISSO A PARTIR DAS RECEITAS DESTE CAPÍTULO.

Camarão tandoori

O TANDOOR É UM FORNO DE ARGILA usado na Índia para preparar o alimento em temperaturas muito altas. Naturalmente, não podemos obter o mesmo efeito nas cozinhas de nossas casas, mas descobri que uma grelha funciona perfeitamente no preparo desses camarões marinados, assados no espeto. Não precisam ficar muito tempo debaixo da grelha, apenas o suficiente para pegar um pouco de cor nas beiradas.

RENDIMENTO: 4 PORÇÕES

16 camarões grandes, sem a casca e sem as tripas
2 colheres (sopa) de suco de limão
1 colher (chá) de sal
2 colheres (sopa) de óleo
2 colheres (sopa) de manteiga derretida
fatias de limão para servir

Marinada:
200 g de iogurte natural
2 dentes de alho, amassados
1 pedaço de 2,5 cm de gengibre, ralado
1½-2 colheres (chá) de pimenta vermelha em pó
1 colher (chá) de páprica
1 colher (chá) de garam masala
1 colher (chá) de sementes de ajowan, torradas
½ colher (chá) de sal

Lave os camarões e enxugue bem com papel absorvente. Ponha em uma vasilha com o suco de limão e o sal e mexa para o tempero aderir aos camarões. Deixe na geladeira por 15-20 minutos. Se for usar espetinhos de bambu, coloque-os de molho em água morna. Isso vai mantê-los inteiros na grelha.

Misture todos os ingredientes da marinada em uma tigela. Escorra os camarões, coloque-os em uma vasilha limpa e cubra com a marinada. Mexa bem para ficarem todos bem envolvidos. Cubra e coloque na geladeira por uma hora e meia ou duas horas.

Aqueça a grelha à temperatura mais alta. Misture o óleo com a manteiga derretida em uma vasilha pequena. Tire os camarões da marinada e coloque nos espetos de bambu ou de metal. Deixe por 8-10 minutos. Mais ou menos na metade desse tempo, vire os espetos e banhe os camarões com a mistura de óleo e manteiga.

Sirva os camarões nos espetos, com fatias de limão e, se quiser, uma salada de pepino e tomate.

Preparando samosas

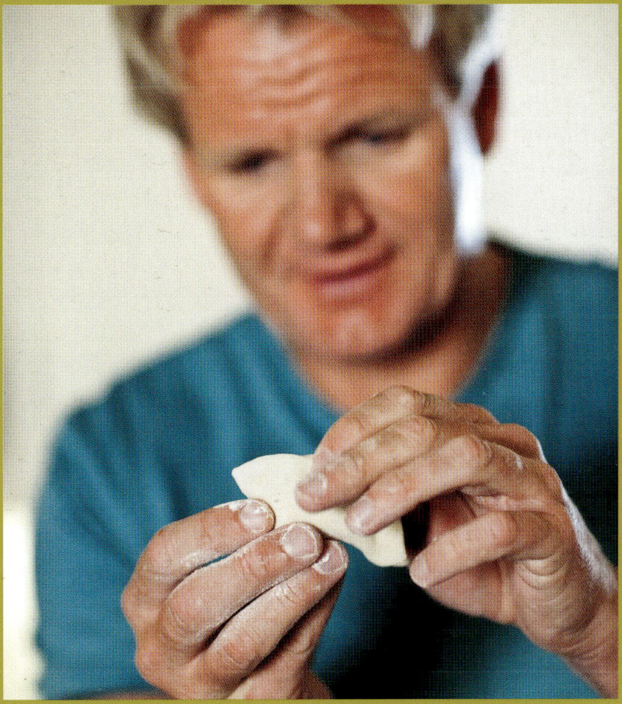

Forme uma bola com cada pedaço de massa. Abra cada uma em uma superfície levemente enfarinhada num círculo de 12 a 15 cm de diâmetro. Corte pela metade, formando dois semicírculos. Trabalhe um de cada vez. Pincele as bordas com um pouco de água e dobre cada um pela metade, para unir as margens cortadas, formando uma espécie de cone. Aperte as margens para fechar bem. Mantendo-as unidas com as mãos, abra o cone e coloque no interior um pouco de recheio de grão-de-bico, mantendo 1,5 cm de distância do topo. Pincele levemente as margens curvas com água e pressione para fechar. Coloque-os em uma assadeira forrada com papel-manteiga.

Samosas de grão-de-bico **ao curry**

AS SAMOSAS SÃO VENDIDAS NAS RUAS DA ÍNDIA e tradicionalmente consumidas como lanche. Agora, porém, se tornaram comuns como entradas em restaurantes. Normalmente são preparadas fritas, mas também podem ser assadas, pinceladas com uma generosa porção de manteiga derretida. As samosas podem levar diversos recheios, entre os quais verduras diversas, carne de carneiro moída e batata temperada. Aqui, uso grão-de-bico ao curry.

RENDIMENTO: 12-16 PORÇÕES

Massa:

- 225 g de farinha de trigo, e mais um pouco para polvilhar
- 1 1/2 colher (chá) de sal
- 1 colher (sopa) de manteiga derretida (ou óleo)
- 5-6 colheres (sopa) de água quente
- óleo para fritar

Recheio:

- 2 colheres (sopa) de óleo
- 1 colher (chá) de curry em pó forte, ou a gosto
- 1 colher (chá) de garam masala
- 1/2 colher (chá) de cominho em pó
- 1/2 colher (chá) de cúrcuma em pó
- 1 cebola pequena, descascada, muito bem picada
- 1 dente de alho, sem a casca, muito bem picado
- 1 pedaço de 2,5 cm de gengibre, descascado e ralado
- 1 pimenta-verde, sem as sementes, muito bem picada
- 400 g de grão-de-bico em lata, escorrido
- 200 ml de água
- 1/2 colher (chá) de sal
- 100 g de ervilhas, descongeladas se for o caso, aferventadas se frescas
- suco de 1/2 limão ou a gosto

Vamos começar pela massa. Misture a farinha e o sal em uma vasilha grande. Abra um buraco no meio e jogue a manteiga derretida e 5 colheres (sopa) de água quente. Misture com uma espátula, formando uma massa, acrescentando de 1-3 colheres (chá) de água se a mistura ficar muito seca. Ponha em uma superfície enfarinhada e sove por 5-10 minutos, formando uma massa macia. Embrulhe em filme plástico e deixe descansando em uma parte fresca da cozinha por pelo menos 30 minutos.

Prepare o recheio. Aqueça o óleo em uma frigideira larga ou wok. Adicione o curry, o garam masala, o cominho e a cúrcuma e deixe fritar por 30 segundos, mexendo. Acrescente cebola, alho, gengibre e pimenta-verde e deixe por uns 4-5 minutos, até a cebola ficar macia e tudo cheirar bem gostoso. Ponha o grão-de-bico e, depois, a água e o sal. Deixe no fogo, mexendo delicadamente, até a maior parte da água ser absorvida. Tire do fogo. Acrescente as ervilhas e suco de limão a gosto. Passe para uma vasilha e deixe esfriar completamente.

Divida a massa em 6 ou 7 pedaços iguais. Abra a massa e forme as samosas, seguindo as instruções da página anterior.

Aqueça uma camada de 6 cm de óleo em uma frigideira de fundo pesado ou wok, em fogo médio, até 180-190 graus. Para testar, jogue um pedaço da massa no óleo. Deve fazer barulho de fritura logo que tocar o óleo. Frite as samosas até ficarem douradas, por 6-8 minutos. Passe para uma travessa forrada com papel absorvente. Mantenha quente, em um forno ligado em baixa temperatura, enquanto prepara o restante. Sirva quente ou morno.

Bhajis de cebola (alto), samosas (esquerda) e bolinhos de espinafre e batata (direita)

Tilápia assada à moda de **Kerala**

O GOSTO DESTA RECEITA DE PEIXE É FANTÁSTICO, e ela exige pouquíssimo esforço. A tilápia é cada vez mais comum em peixarias e supermercados. Mas, se não encontrar, o molho de tomate deste prato combina bem com filés de qualquer peixe de carne branca e firme.

RENDIMENTO: 4 PORÇÕES

4 filés de tilápia, com 130-150 g cada um
sal e pimenta-do-reino
2 colheres (sopa) de óleo
2 cebolas roxas, descascadas e picadas
2 pimentas-verdes, sem as sementes, muito bem picadas
1 dente de alho, sem a pele, picado
1 pedaço de 2 cm de gengibre, descascado e ralado
1 colher (chá) de pimenta vermelha em pó, bem forte
1 colher (chá) de coentro em pó
3 tomates grandes, bem picados
suco de 1/2 limão, ou a gosto
um punhado de folhas de coentro picadas
fatias de limão, para servir

Preaqueça o forno a 180 graus. Examine o peixe e retire com uma pinça de cozinha qualquer espinha que tenha sobrado. Tempere com sal e pimenta-do-reino e espalhe, em uma só camada, em uma assadeira.

Esquente o óleo em uma frigideira. Coloque a cebola e as pimentas-verdes. Refogue em fogo médio durante 4-5 minutos, até a cebola ficar macia, mas sem pegar cor. Junte alho, gengibre, pimenta vermelha em pó e o coentro em pó. Misture bem e deixe no fogo por alguns minutos, até o óleo se separar dos temperos. Acrescente os tomates. Tempere bem com sal e pimenta-do-reino e baixe ligeiramente o fogo. Quando o tomate estiver bem macio, tire do fogo e misture o suco de limão e as folhas de coentro.

Com uma colher, espalhe o molho de tomate sobre os filés de peixe. Tome cuidado para o peixe ficar totalmente coberto. Asse por 10-15 minutos, até o peixe estar no ponto – a carne deve estar firme quando for levemente pressionada. Sirva imediatamente, com rodelas de limão e arroz basmati cozido.

Frango Madras

ESTE CURRY PICANTE é figura assídua nos menus dos restaurantes indianos. Quase sempre, tem um forte ardor resultante do uso de pimentas secas e frescas. Fiz esta receita um pouco mais suave, para atender aos paladares do pessoal mais novo de casa. Mas você pode, se quiser, deixar mais ardido, juntando mais pimenta vermelha a gosto.

RENDIMENTO: 4 PORÇÕES

- 4 peitos de frango, sem peles e sem ossos, cerca de 600 g no total
- 3 colheres (sopa) de óleo
- 2 cebolas, descascadas, bem picadas
- 1 pedaço de 2 cm de gengibre, descascado e ralado
- 3 dentes de alho, sem a pele, bem picados
- 2-3 pimentas-verdes, sem as sementes, bem picadas
- 2 colheres (chá) de cominho em pó
- 1 colher (chá) de coentro em pó
- 1 colher (chá) de cúrcuma em pó
- 1-1 1/2 colher (chá) de pimenta vermelha ardida em pó, a gosto
- 6-8 folhas de curry
- sal e pimenta-do-reino
- 400 g de tomates picados
- 300 ml de água
- 1 colher (chá) de garam masala
- folhas de coentro, para decorar

Corte o frango em pedaços de 4 cm e reserve. Aqueça o óleo em uma panela larga ou wok. Coloque a cebola e frite até ficar macia e levemente dourada, por 6-8 minutos. Misture gengibre, alho e pimenta-verde e frite por 2-3 minutos. Acrescente cominho, coentro em pó, cúrcuma, pimenta vermelha em pó e folhas de curry. Deixe por mais 1 minuto. Tempere o frango com sal e pimenta-do-reino e junte à panela. Refogue, mexendo sempre, por 2-3 minutos de cada lado, até o frango ficar dourado por inteiro.

Misture os tomates picados à panela, derrame a água e deixe levantar fervura. Misture bem, baixe o fogo e tampe a panela. Deixe cozinhar por 30 minutos, mexendo sempre. Se a mistura ficar muito seca e começar a grudar no fundo da panela, junte um pouquinho de água e mexa bem.

Acrescente o garam masala, destampe a panela e deixe por mais 10 minutos no fogo. Sirva enfeitado com as folhas de coentro e acompanhado de arroz pilau, arroz basmati branco ou pão indiano quente.

Biryani de cordeiro

O BIRYANI É UM PRATO DE ARROZ ACOMPANHADO de um ensopado de carne ou verduras. Tradicionalmente, a panela é fechada com uma massa de farinha de trigo com água para o último estágio do cozimento. Levada à mesa, a massa é rompida e, ao ser aberta, libera os aromas do prato. Para simplificar a receita, eliminei a massa, substituindo-a por uma travessa com tampa que feche muito bem.

RENDIMENTO: 4-5 PORÇÕES

750 g de paleta de cordeiro, com osso
2 cebolas, sem casca, picadas
5 dentes de alho, sem a casca
1 pedaço de 2,5 cm de gengibre, descascado
50 g de amêndoas em lâminas
3 colheres (sopa) de água
6 colheres (sopa) de óleo
sal e pimenta-do-reino
300 ml de água
1 colher (chá) de cominho em grão
1 colher (chá) de coentro em grão
1 pau de canela
1/2 colher (chá) de cardamomo em grão
1 colher (chá) de pimentas-do-reino em grão moídas na hora

Arroz perfumado:
400 g de arroz basmati
2 colheres (sopa) de manteiga sem sal
1/2 colher (chá) de cúrcuma em pó
4 folhas de louro
4 cravos
1 anis-estrelado
475 ml de água

Corte o cordeiro em cubinhos de 2 cm e reserve. Ponha as cebolas, o alho, o gengibre, as amêndoas e a água no liquidificador e bata até formar uma pasta. Ponha 2-3 colheres (sopa) de óleo em uma panela larga ou wok e refogue o cordeiro, em etapas, até os cubinhos ficarem ligeiramente dourados. Vá transferindo os cubinhos para uma vasilha à medida que ficarem prontos.

Quando terminar de refogar a carne, ponha um pouco mais de óleo na panela e junte a pasta do liquidificador. Refogue por 3-4 minutos, mexendo constantemente, até assumir uma cor castanho-clara. Se a pasta começar a pegar no fundo, acrescente um pouco de água. Ponha a carne de volta na panela, tempere com sal e pimenta-do-reino e acrescente a água. Tampe parcialmente a panela e cozinhe por 1 hora, mexendo de vez em quando.

Toste as sementes de cominho e coentro em uma frigideira seca por cerca de 1 minuto, até liberarem o perfume. Passe as sementes tostadas, a canela, o cardamomo e as pimentas-do-reino juntos por um moedor de pimenta. Misture à carne e deixe no fogo por mais 20-30 minutos, até o cordeiro ficar macio.

Preaqueça o forno a 180 graus. Para preparar o arroz, lave os grãos diversas vezes em água gelada e escorra bem. Aqueça a manteiga em uma panela grande e acrescente cúrcuma, louro, cravos e anis-estrelado. Quando começarem a fazer barulho de fritura e a liberar perfume, junte o arroz à panela e mexa bem para os grãos ficarem impregnados com a manteiga. Cubra com água e, depois que ferver, deixe no fogo por mais 10 minutos.

Espalhe o arroz em uma travessa grande, que possa ir ao forno e tenha uma tampa que feche bem, e espalhe o cordeiro às colheradas no topo. Ponha a tampa e coloque por 30-35 minutos no forno. Depois que desligar o forno, deixe o biryani no interior, esperando 10 minutos antes de servir.

Dhal

O DHAL, LENTILHAS COZIDAS COM TEMPEROS, é um prato básico de muitas refeições indianas. Normalmente, é servido com pão ou arroz. A escolha dos temperos varia de região para região. Esta receita é preparada com lentilhas amarelas partidas, tuvar dhal, muito populares em toda a Índia. Se não encontrar, substitua por lentilhas vermelhas ou feijão mung, deixando de molho se necessário e ajustando o tempo de preparo.

RENDIMENTO: 4 PORÇÕES

350 g de lentilhas amarelas partidas
1 litro de água
2 folhas de curry
2 tomates picados
1 colher (chá) de cúrcuma em pó
1 1/2-2 colheres (chá) de pimenta vermelha ardida em pó, a gosto
1 colher (chá) de sal
30 g de manteiga sem sal
1 colher (chá) de panch phoran (mistura indiana de 5 temperos)
8 folhas de curry
2 pimentas-verdes, partidas ao meio no sentido do comprimento

Lave muito bem a lentilha em diversas passagens de água gelada e coloque em uma panela grande. Junte água suficiente para cobrir. Acrescente as folhas de curry, tomates picados, cúrcuma, pimenta em pó e sal. Misture bem e ponha no fogo. Quando ferver, abaixe o fogo e tire a espuma que se formou na superfície. Deixe cozinhar por 20-30 minutos, até as lentilhas amaciarem. O dhal deve ter a consistência de uma sopa grossa. Se ficar espesso demais, adicione um pouquinho de água morna.

Quando estiver pronto para servir, esquente a lentilha novamente. Derreta a manteiga em uma frigideira e acrescente o panch phoran e as folhas de curry. Deixe no fogo por 1 minuto, até começarem a liberar os aromas. Ponha as pimentas-verdes e deixe no fogo por mais alguns minutos.

Ponha as lentilhas em uma travessa aquecida e derrame por cima a manteiga com temperos. Sirva imediatamente, com arroz basmati branco ou pães indianos quentes.

Kulfi de canela

ESTA RECEITA É SURPREENDENTEMENTE SIMPLES. Leva apenas três ingredientes, leite, açúcar e um aromatizante natural, a canela. Gosto de congelar a mistura em formas de sorvete de palito para agradar as crianças, mas você pode usar os moldes cônicos tradicionais ou dar outras formas, dependendo do que tiver à mão.

RENDIMENTO: CERCA DE 16

2 litros de leite integral
3 paus de canela
130 g de açúcar granulado

Coloque o leite em uma panela grande de base pesada. Deixe ferver lentamente. Quando ferver, baixe o fogo, adicione os paus de canela, mexa e deixe até reduzir o volume à metade. Isso vai levar cerca de 1 hora. Durante esse período, mexa frequentemente, para que o leite não grude no fundo da panela. Se aparecer uma película na superfície do leite, mexa para dissolvê-la.

Quando o leite estiver reduzido, acrescente o açúcar e mexa bem para dissolver. Ponha por mais 2-3 minutos no fogo, desligue e deixe de lado para esfriar.

Quando estiver completamente frio, retire os paus de canela. Coloque a mistura nas formas e leve ao congelador, deixando de um dia para o outro.

Uns 20 minutos antes de servir, tire o kulfi do congelador, para que ele amoleça um pouquinho. Na hora de servir, mergulhe brevemente o molde em água quente para que o kulfi saia com mais facilidade.

Halwa de cenoura **e coco**

A textura dos halwas varia bastante. Algumas receitas produzem um pudim bem mole. Mas eu prefiro preparar uma massa com a espessura suficiente para ser moldada em bolas, que envolvo em coco ralado. Também junto pistaches e amêndoas picados à mistura de cenoura, para obter uma textura levemente mais crocante. Sirva com café, como sobremesa ou como uma novidade para a hora do chá.

RENDIMENTO: DE 18-20

2 kg de cenouras, descascadas
500 ml de leite evaporado
500 g de açúcar granulado
50 g de manteiga sem sal
as sementes de 2 vagens de cardamomo, bem amassadas
25 g de pistaches torrados, bem picados
25 g de amêndoas torradas, bem picadas
50 g de coco seco ralado, ligeiramente tostado

Rale grosseiramente as cenouras. Ponha-as em uma panela grande de base pesada com o leite e o açúcar. Deixe ferver e baixe o gás, deixando em fogo brando. Mantenha por 30-45 minutos, mexendo frequentemente, até todo o leite ter evaporado e a cenoura parecer bem seca.

Ponha a manteiga na panela e aumente um pouco o fogo, para refogar a cenoura ralada. Deixe por 25-30 minutos, mexendo com frequência, para secar. Quando as paredes internas da panela ficarem limpas, tire do fogo. Acrescente o cardamomo, os pistaches e as amêndoas.

Passe a mistura para uma travessa larga e deixe esfriar completamente. Depois, coloque pelo menos por uma hora na geladeira, para firmar mais um pouco.

Com as mãos molhadas, faça bolas com a massa e passe pelo coco ralado. Já estão prontas para servir. Conservam-se até uma semana na geladeira em recipientes bem fechados.

ESTADOS UNIDOS

O QUE POSSO DIZER SOBRE A COZINHA DOS ESTADOS UNIDOS? SUBSTANCIOSA E GENEROSA, NÃO É PARA QUEM TEM PROBLEMAS CARDÍACOS. MAS ISSO NÃO QUER DIZER QUE TODA A COZINHA NORTE-AMERICANA SEJA GORDUROSA E PESADA. PASSEI MUITO TEMPO EM LOS ANGELES. TÍNHAMOS UM RESTAURANTE NESSA CIDADE E OUTRO EM NOVA YORK. COMO NA MAIORIA DOS PAÍSES GRANDES, A COMIDA VARIA MUITO, DEPENDENDO DE ONDE VOCÊ ESTEJA. NOVA YORK, POR EXEMPLO, TEM UMA ABORDAGEM MUITO MAIS EUROPEIA NA SUA ALIMENTAÇÃO, QUANDO COMPARADA COM OUTROS ESTADOS. RECOMENDO COM SEGURANÇA AS ASINHAS DE FRANGO DE BUFFALO – SÃO FANTÁSTICAS – E AS SOBREMESAS SÃO DE COMER REZANDO...

Crabcakes de Maryland

MARYLAND É FAMOSA POR SEUS SOBERBOS CRABCAKES, os bolinhos de carne de caranguejo. São temperados com os sabores incomuns da mistura de especiarias Old Bay, produzida pela McCormick's, e que hoje já pode ser comprada pela internet. Se não conseguir, prepare uma versão mais simples, misturando quantidades iguais de folhas de louro moídas, mostarda em grão, pimenta-do-reino, gengibre, canela e sal de aipo. Faça um pouco mais que o necessário, guarde em potes hermeticamente fechados e use em outras receitas de frutos do mar.

RENDIMENTO: 6-8 PORÇÕES

500 g de carne branca de caranguejo
1 cebola pequena, descascada, bem picada
1 talo de aipo, limpo e bem picado
1 colher (sopa) de mostarda tipo Dijon
1 colher (sopa) de maionese
1 colher (chá) de molho inglês
1 ovo médio, ligeiramente batido
1 colher (chá) de salsa picada
1 colher (sopa) de tempero Old Bay
cerca de 50 g de farinha de rosca fresca, branca
óleo de amendoim ou outro óleo vegetal para fritar

Para servir:
maionese
fatias de limão
folhas para salada

Examine a carne de caranguejo. Descarte qualquer fragmento de casca. Ponha cebola, aipo, mostarda, maionese, molho inglês, ovo batido e salsa picada em uma vasilha. Misture bem. Adicione o caranguejo e o tempero Old Bay. Misture até tudo ficar bem ligado. Acrescente, por último, de 3-4 colheres (sopa) de farinha de rosca, o suficiente para obter uma mistura firme.

Cubra com filme plástico e deixe na geladeira por pelo menos 30 minutos, a fim de a mistura ficar um pouco mais firme.

Com as mãos úmidas, forme entre 6-8 bolinhos com a mistura. Aqueça uma camada fina de óleo em uma frigideira grande sobre fogo médio. Frite os bolinhos, por 2-3 minutos de cada lado, até ficarem castanho-dourados. Tire e escorra em papel absorvente.

Sirva com maionese, fatias de limão e folhas para salada.

Clam chowder da Nova Inglaterra

ESTA É CONSIDERADA UMA DAS GRANDES sopas dos Estados Unidos. É forte e cremosa, com um sabor bem acentuado vindo do bacon e dos mexilhões. O acompanhamento tradicional é de biscoitinhos oyster crackers. Em São Francisco, ela é às vezes servida dentro de um pão de massa surdough com o miolo retirado, o que a torna um almoço bem substancioso.

RENDIMENTO: 4-6 PORÇÕES

- 1 kg de mexilhões vivos, limpos
- 1 borrifo de vinho branco seco
- 1 colher (sopa) de azeite de oliva
- 100 g de bacon curado no maple, em tiras finas
- 2 cebolas, descascadas, muito bem picadas
- 2 talos de aipo, limpos, muito bem picados
- 3 batatas farinhentas grandes, cerca de 600 g, descascadas, em fatias finas
- 1 dente de alho, sem a casca, picado
- 30 g de manteiga
- 2 1/2 colheres (sopa) de farinha de trigo
- 500 ml de caldo de galinha
- 200 ml de creme de leite fresco bem espesso
- 2 colheres (sopa) de folhas de aipo picadas (opcional)
- 1 folha de louro
- sal e pimenta-do-reino
- folhas de 1 punhado de salsa

Aqueça uma panela de base pesada. Quando estiver quente, jogue os mexilhões, com uma borrifada de vinho. Cubra a panela com uma tampa que se ajuste bem. Balance e deixe os mexilhões no fogo por uns 3-4 minutos, até se abrirem.

Ponha os mexilhões em um escorredor e coloque sobre uma vasilha grande, para recolher todo o líquido. Quando esfriar o suficiente para manusear, tire a carne da maioria dos mexilhões, deixando alguns com a casca para decorar. Descarte todos os que não se abrirem.

Aqueça o azeite de oliva em uma panela. Ponha o bacon e frite durante 3-4 minutos, ou até ficar torradinho. Acrescente cebola, aipo, batatas e alho. Deixe em fogo brando por 6-8 minutos, até começar a amaciar.

Adicione a manteiga e depois a farinha. Mexa por uns 2 minutos. Coloque, pouco a pouco, o caldo de galinha, mexendo constantemente. Acrescente o creme e o líquido reservado dos mexilhões. Adicione as folhas picadas de aipo, se tiver, a folha de louro, sal e pimenta-do-reino. Deixe levantar fervura e cozinhe por 20-30 minutos, até a batata estar macia e o caldo ter engrossado.

Adicione todos os mexilhões e aqueça em fogo baixo, mexendo, por uns 2-3 minutos. Não deixe ferver. Passe para pratos aquecidos e sirva, enfeitando com salsa picada.

Asinhas de frango de Buffalo com dip de creme azedo e cebolinha

ESTE PRATO, TAMBÉM CHAMADO DE HOT WINGS, aparece nos menus de muitos bares nos Estados Unidos. É excelente comido com os dedos e acompanhado de cerveja gelada. As asinhas, crocantes, têm gosto picante, produto de uma cobertura de molho muito forte. Por isso, são servidos normalmente com creme azedo, contrastante e refrescante, ou mergulhados em um "dip" de blue cheese, acompanhados de talos de aipo.

RENDIMENTO: 4-5 PORÇÕES

- 3-4 colheres (sopa) de farinha de trigo
- 1 colher (chá) de páprica
- 1 pitada de pimenta-de-caiena, ou a gosto
- sal
- 10 asinhas de frango
- 50 g de manteiga sem sal
- 4 colheres (sopa) de molho de pimenta
- ¼ de colher (chá) de pimenta-do--reino
- 1 dente de alho, sem a casca, muito bem amassado
- óleo de amendoim ou outro óleo vegetal para fritar
- fatias de limão para servir

Dip de creme azedo e cebolinha:

- 150 ml de creme azedo
- 3-4 colheres (sopa) de maionese
- 1 punhado de cebolinhas picadas
- sal e pimenta-do-reino
- 1 colher (chá) de suco de limão, ou a gosto

Misture farinha de trigo, páprica, pimenta-de-caiena e uma pitada generosa de sal em uma vasilha pequena. Ponha as asinhas de frango em uma vasilha grande. Polvilhe com a mistura de farinha e mexa até ficarem totalmente cobertas. Tampe e leve à geladeira por cerca de 1 hora.

Enquanto isso, ponha a manteiga, o molho de pimenta, a pimenta-do--reino, o alho e uma pitada de sal em uma panela pequena sobre fogo baixo. Mexa e deixe no fogo até a manteiga derreter e tudo ficar bem misturado. Tire do fogo e reserve.

Misture todos os ingredientes do dip em uma vasilha pequena, acrescentando sal, pimenta-do-reino e suco de limão a gosto. Cubra e deixe na geladeira até preparar as asinhas de frango.

Aqueça uma camada de 6-7 cm de óleo em uma frigideira funda ou panela de base pesada, a 180 graus. Quando um pedacinho de pão jogado no óleo chiar, a temperatura estará boa. Frite as asinhas de frango empanadas, em partes, por 10-15 minutos, ou até a cobertura começar a ficar castanha e crocante, virando na metade desse tempo. Escorra em uma travessa com papel absorvente e mantenha quente enquanto prepara o restante.

Ponha as asinhas em uma travessa grande. Derrame o molho por cima e mexa até ficarem bem cobertas.

Arrume as asinhas em uma travessa aquecida ou tigelinhas individuais e sirva com fatias de limão e o dip, onde elas podem ser mergulhadas durante a refeição.

Gumbo de frutos do mar **da Louisiana**

ESTE ENSOPADO QUE MISTURA DIVERSOS frutos do mar é muito popular no Sul dos Estados Unidos. Para simplificar, reduzi a lista de ingredientes principais a linguiça chorizo, caranguejo e ostras, mas as receitas muitas vezes incluem produtos como camarão, carne de porco defumada e linguiças finas. Fique livre, assim, para juntar o que quiser. Às vezes, no lugar da farinha de trigo, o caldo é engrossado com quiabo em rodelas ou filé powder, um tempero preparado com folhas de salsa parrilha secas e moídas.

RENDIMENTO: 6 PORÇÕES

4 colheres (sopa) de óleo
5 colheres (sopa) de farinha de trigo
2 cebolas grandes, descascadas, picadas
4 talos de aipo, limpos e picados
2 pimentões vermelhos, sem o centro e as sementes, picados
4 dentes de alho, sem a casca, picados
225 g de linguiça chorizo, em rodelas
800 ml de caldo de peixe ou de galinha
400 g de carne branca de caranguejo (ou patas de caranguejo cozidas)
6-7 cebolinhas, com as pontas aparadas, picadas
1 pitada de pimenta-de-caiena
sal e pimenta-do-reino
12 ostras vivas
1 punhado de folhas de salsa picadas

Aqueça o óleo em uma panela grande e larga sobre fogo médio. Polvilhe a farinha e refogue, mexendo sempre, até ficar castanho-dourada. Esta mistura é chamada de roux.

Adicione cebola, aipo, pimentões e alho. Deixe no fogo, mexendo frequentemente, por 8-10 minutos, ou até tudo amaciar. Junte a linguiça e cozinhe mais 2-3 minutos.

Pouco a pouco, junte o caldo, uma concha de cada vez, sem parar de mexer. Deixe a mistura no fogo, mexendo frequentemente, cerca de 30 minutos, até o caldo estar grosso e saboroso e os ingredientes macios.

Acrescente carne de caranguejo, cebolinha, pimenta-de-caiena, sal e pimenta-do-reino. Misture bem. Por último, coloque as ostras, empurrando-as para o fundo da panela, e os sucos que elas tenham liberado. Deixe no fogo por mais 2 minutos e desligue.

Distribua o gumbo por tigelas aquecidas e espalhe por cima a salsa picada. Sirva, imediatamente, com arroz simples.

Pot pie **de frango**

ESTA CLÁSSICA TORTA SALGADA norte--americana é maravilhosa e reconfortante no inverno. Tradicionalmente, cozinha-se uma galinha inteira em água até ficar macia. O caldo é então reduzido e usado como um saboroso ingrediente da torta. Minha versão é mais simples, mas não menos deliciosa, usando peitos de frango bem macios. Mas, se quiser, você pode empregar sobras de frango assado.

RENDIMENTO: 4 PORÇÕES

50 g de manteiga
1 cebola grande, sem a casca, picada
3 talos de aipo, com as pontas aparadas, em quadradinhos
1 cenoura grande, sem a casca, picada
1 batata grande, descascada, picada
500 g de farinha de trigo, e mais um pouco para polvilhar
500 ml de caldo de galinha
250 ml de creme de leite
sal e pimenta-do-reino
500 g de peito de frango, sem pele e sem osso, em pedaços pequenos
300 g de massa folhada amanteigada pronta, de boa qualidade
1 ovo médio misturado com 1 colher (sopa) de água, para pincelar

Derreta a manteiga em uma panela grande e larga. Ponha a cebola, o aipo, a cenoura e a batata. Refogue em fogo brando 10 minutos ou até os legumes amaciarem. Acrescente a farinha de trigo e misture bem. Deixe no fogo, mexendo com frequência, por mais 2 minutos ou até a farinha estar refogada.

Ponha o caldo e o creme e tempere bem com sal e pimenta-do-reino. Depois que ferver, deixe no fogo, mexendo, por mais 5-10 minutos, até engrossar. Acrescente o frango e deixe por 5 minutos, ou até a carne começar a ficar cozida por inteiro. Prove e ajuste o tempero. Tire a panela do fogo e deixe esfriar um pouco.

Preaqueça o forno a 200 graus. Ponha o recheio de frango às colheradas em uma forma grande ou quatro menores, enchendo até quase a borda. Abra a massa folhada em uma superfície levemente enfarinhada, com a espessura de uma moeda. Corte um círculo grande do tamanho da tampa da forma (ou quatro menores se usar as forminhas).

Acrescente a massa que sobrou, abra novamente e corte tiras finas, com tamanho suficiente para rodear a tampa da forma (ou as das forminhas). Pincele a borda da forma com água e enrole as tiras de massa em volta. Pincele com o ovo misturado com água. Levante a tampa de massa com cuidado e coloque em cima. Aperte as bordas para selar. Se quiser, decore com folhas de massa, moldadas a partir das sobras. Pincele a tampa com ovo e água.

Ponha no forno e deixe por 40-50 minutos ou até a tampa estar douradinha e o recheio borbulhando. Deixe descansar por alguns minutos antes de servir.

Blue **cheese burgers**

A ADIÇÃO DO QUEIJO EM MIGALHAS deixa este hambúrguer feito em casa bem mais gostoso que os outros. Exigem pouco tempo e esforço, e o sabor é bem superior ao dos comprados prontos. Os acompanhamentos ideais são batata-doce assada em fatias e coleslaw (v. pág. 243).

RENDIMENTO: 6-8 PORÇÕES

Hambúrgueres:

1 kg de carne bovina magra moída
1 cebola roxa pequena, sem a casca, muito bem picada
100 g de blue cheese ou queijo tipo roquefort, esmigalhado
1 punhado pequeno de cebolinha picada
alguns pingos de molho Tabasco
2 colheres (chá) de molho inglês
1 colher (chá) de mostarda inglesa
sal e pimenta-do-reino
azeite de oliva, para regar

Para servir:

6-8 pãezinhos de hambúrguer, abertos
1 punhado de folhas para salada
tomates fatiados
abacate fatiado
maionese ou ketchup de tomate

Ponha todos os ingredientes do hambúrguer, menos o azeite de oliva, em uma tigela grande. Tempere bem com sal e pimenta-do-reino. Mexa, com as mãos, até tudo estar bem misturado. Faça uma bolinha com a massa, frite numa frigideira com azeite e prove para testar o tempero. Ajuste, se for necessário. Cubra a tigela com filme plástico e deixe por algumas horas na geladeira.

Preaqueça uma grelha ou acenda uma churrasqueira. Com as mãos úmidas, divida a massa entre 6 e 8 hambúrgueres. Pincele e regue com um pouquinho de azeite de oliva e deixe no fogo de 7-10 minutos, virando na metade desse tempo. Quando ficarem prontos, ainda vão estar um pouco rosados no centro.

Quando os hambúrgueres estiverem quase prontos, regue o lado do corte dos pãezinhos com um pouco de azeite de oliva. Toste um pouco os pãezinhos com o corte para baixo na grelha ou churrasqueira, até ficarem levemente dourados.

Para servir, coloque os hambúrgueres nos pãezinhos com algumas folhas para salada, fatias de tomate e abacate e um pouquinho de maionese ou ketchup, conforme preferir.

5 opções para bife

Steak tartare **clássico**

Pique cuidadosamente 400 g de filé. Em uma vasilha, bata 2 gemas de ovo com 1 colher (sopa) de molho inglês e 1 pitada de pimenta-de-caiena. Junte a carne, com 2 pepinos em conserva muito bem picados, 1 cebola picada, 1 colher (sopa) de mostarda tipo Dijon, 2 filés de anchovas muito bem picados e 1 punhado de salsa picada. Tempere com sal e pimenta-do-reino e misture bem. Forme bolinhos achatados com a mistura e sirva com pão de centeio do tipo pumperknickel (pão preto alemão) ou batatinhas fritas. **RENDIMENTO: 4 PORÇÕES**

Bife de fraldinha com molho chimichurri

Para fazer o molho, misture 2 punhados generosos de folhas de salsa picadas com a mesma quantidade de folhas de coentro picadas, 1 dente de alho amassado, 1 colher (sopa) de vinagre de vinho branco, um pouco de suco de limão e 100 ml de azeite de oliva. Limpe uma peça de 800 g de fraldinha e corte em quatro bifes. Coloque em uma vasilha, junte a terça parte do molho e deixe em marinada na geladeira por pelo menos 2 horas (de um dia para o outro se for possível). Aqueça a grelha ao máximo. Deixe em fogo alto. Tire os bifes da marinada, escorra o excesso e tempere dos dois lados com sal e pimenta-do-reino. Ponha na grelha por 2-3 minutos de cada lado. Sirva com o restante do molho espalhado por cima. **RENDIMENTO: 4 PORÇÕES**

Bife apimentado com creme trufado **de cogumelos**

Aqueça 1 colher (sopa) de azeite de oliva em uma panela e, em fogo brando, refogue 1 cebola e 1 dente de alho muito bem picados até ficarem macios, mas sem tomar cor. Adicione outra colher de azeite, 1 bolinha de manteiga e 200 g de cogumelos diversos em fatias. Mantenha no fogo até os cogumelos ficarem dourados. Junte 50 ml de vinho branco e deixe fervendo até evaporar e a panela ficar bem seca. Acrescente 1 colher (chá) de óleo de trufas, 1 colher (chá) de trufas negras muito bem picadas (se tiver) e 300 ml de creme de leite fresco bem espesso. Deixe no fogo enquanto prepara os bifes. Amasse 40 g de pimenta em grão e espalhe em uma travessa. Tempere quatro bifes de 250 g de filé cobrindo toda a superfície com sal e depois passando pela pimenta esmagada. Ponha uma frigideira de base pesada em fogo alto e junte 2 colheres (sopa) de azeite de oliva. Quando estiver bem quente, frite os filés, 3 minutos de cada lado. Deixe descansar por alguns minutos antes de servir com o creme trufado de cogumelos. **RENDIMENTO: 4 PORÇÕES**

Contrafilé com cerveja **e molho acebolado**

Faça 4 bifes de contrafilé com mais ou menos 250 g cada um e tempere dos dois lados com sal e pimenta-do-reino. Derreta 20 g de manteiga em uma frigideira grande sobre fogo médio. Quando estiver bem quente, prepare os bifes, deixando no fogo por 3-4 minutos de cada lado para ficarem entre malpassados e no ponto. Passe para uma travessa aquecida, cubra com papel-alumínio e mantenha quente no forno ligado com fogo baixo enquanto prepara o molho. Coloque outra bolinha de manteiga na frigideira, com 3 cebolas em rodelas finas e 2 colheres (chá) de açúcar. Deixe em fogo baixo até a cebola ficar castanho-dourada e caramelizada. Adicione 1 colher (chá) de farinha de trigo e deixe por mais 1 minuto. Acrescente então 200 ml de cerveja e 300 ml de caldo de carne. Deixe ferver por 8-10 minutos, até engrossar. Coloque cada bife em um prato aquecido e espalhe colheradas de molho por cima. **RENDIMENTO: 4 PORÇÕES**

Bife grelhado com manteiga de tomate **e ervas**

Para fazer a manteiga, bata 100 g de tomates secos com 1 dente de alho picado e 1 cebola picada no liquidificador ou processador, até formar uma pasta. Acrescente 150 g de manteiga sem sal amolecida e um bom punhado de salsa e cebolinha picadas. Bata rapidamente e passe para um pedaço de filme plástico, espalhando e fechando de maneira a formar um cilindro com uns 3 cm de diâmetro. Ponha na geladeira e deixe até a hora de servir. Coloque a grelha sobre fogo alto e deixe até estar bem quente. Pincele levemente quatro bifes de filé, com 250-300 g cada um, com azeite de oliva. Esfregue sal e pimenta-do-reino nos dois lados. Ponha na grelha e deixe por 3 minutos de cada lado para ficar entre malpassado e no ponto. Transfira para pratos aquecidos e deixe descansar por alguns minutos. Coloque duas rodelas da manteiga temperada sobre cada bife na hora de ir à mesa. **RENDIMENTO: 4 PORÇÕES**

Costeletas na churrasqueira
com coleslaw

ESTAS COSTELETAS SÃO UMA EXCELENTE ESCOLHA para quando você recebe muita gente. Como são previamente cozidas em uma saborosa mistura de ingredientes, precisam ficar apenas alguns minutos na churrasqueira. Uma cobertura melhora a aparência e dá um sabor excelente à carne. Se quiser, pode dividir a receita para servir menos pessoas.

RENDIMENTO: 12 PORÇÕES

- 6 peças de costeletas de porco, cada uma com 6-7 costeletas
- 3 colheres (sopa) de purê de tomate
- 2 cebolas, s/ a casca, cortadas em 4
- 4 dentes de alho, levemente amassados
- 3/4 de colher (chá) de pimenta em grão
- 5 cravos
- 2 pimentas vermelhas secas
- sal e pimenta-do-reino

Para a cobertura:

- 4 colheres (sopa) de melado escuro
- 2 cebolas, sem a casca, muito bem picadas
- 4 colheres (sopa) de mel
- 4 colheres (sopa) de molho inglês
- 2 colheres (sopa) de purê de tomate
- 2 colheres (sopa) de mostarda inglesa
- 2 colheres (sopa) de vinagre de maçã
- gotas de molho Tabasco e suco de 1 limão

Coleslaw:

- 1 repolho branco pequeno, limpo
- 4 cenouras grandes, sem a casca, raladas
- 8-10 colheres (sopa) de maionese
- 4 colheres (sopa) de mostarda granulada
- 2 colheres (sopa) de suco de limão
- 2-3 colheres (chá) de açúcar

Prepare uma panela grande. Se não tiver uma na qual caibam as peças inteiras, corte-as pela metade. Ponha cerca de 2 litros de água na panela e adicione o purê de tomate, a cebola, o alho, a pimenta em grão, o cravo e as pimentas secas. Depois que ferver, deixe, borbulhando, por mais 15 minutos. Coloque então as peças de carne e um pouco de sal e pimenta-do-reino. Ponha mais água, se necessário, para cobrir a carne e deixe ferver em fogo brando. Tire, se aparecer, a espuma na superfície do líquido. Deixe cozinhar por 45-60 minutos, até a carne ficar macia. Adicione mais água se a quantidade de líquido diminuir muito. Tire a panela do fogo e deixe de lado para esfriar.

Para fazer a cobertura, passe o líquido em que a carne foi cozida, por uma peneira, para outra panela. Ferva até o líquido ficar reduzido a um terço. Adicione os outros ingredientes e um pouco de sal e pimenta-do-reino. Deixe em fogo alto por 6-8 minutos, até a mistura começar a formar bolhas e adquirir a consistência de um xarope.

Para fazer a coleslaw, corte o repolho em tirinhas finas e ponha em uma vasilha grande com a cenoura ralada. Misture a maionese, a mostarda, o suco de limão e o açúcar em uma vasilha separada e acrescente ao repolho. Mexa bem e adicione sal e pimenta-do-reino a gosto. Cubra e deixe na geladeira até a hora de servir.

Prepare a churrasqueira. Deixe o fogo diminuir até ficar reduzido a brasas acinzentadas. Se preferir, substitua a churrasqueira por uma grelha e deixe-a no fogo até ficar bem quente.

Quando estiver pronto para servir, pincele generosamente as costeletas com a cobertura e deixe no fogo entre 1,5-2 minutos de cada lado (ilustrado nas páginas seguintes). Sirva com o coleslaw e pão torradinho.

Torta de creme de Boston

TRATA-SE DE UM MARAVILHOSO bolo recheado com creme e coberto com uma rica calda de chocolate, criado no histórico hotel Parker House de Boston, onde ainda figura no menu do restaurante. Minha receita faz um bolo grande. Se sobrar, pode pôr na geladeira e comer no dia seguinte.

RENDIMENTO: 10-12 PORÇÕES

- 200 g de manteiga sem sal, amolecida, e mais um pouco para untar
- 450 g de farinha de trigo, e mais um pouco para polvilhar
- 4 colheres (chá) de fermento
- 1 pitada de sal bem fino
- 300 g de açúcar
- 2 colheres (chá) de extrato de baunilha
- 4 ovos grandes, na temperatura ambiente, levemente batidos
- 225 ml de leite integral

Para o recheio:

- 200 ml de creme de leite fresco encorpado
- 50 g de açúcar
- 1 pitada de sal
- 75 ml de leite integral
- 1 colher (sopa) de amido de milho
- 2 ovos grandes
- 1 colher (chá) de rum escuro (ou extrato de baunilha)

Cobertura de chocolate:

- 85 g de chocolate amargo de boa qualidade, em pedaços
- 30 g de manteiga
- 60 ml de creme de leite
- 60 g de açúcar de confeiteiro
- 1 colher (chá) de extrato de baunilha

Preaqueça o forno a 180 graus. Unte levemente com manteiga e polvilhe com farinha de trigo 2 formas redondas de fundo removível de 23 cm.

Peneire a farinha, o fermento e o sal juntos. Em outra vasilha, bata o açúcar com a manteiga, até formar uma mistura clara e fofa. Acrescente o extrato de baunilha e depois, pouco a pouco, sem parar de bater, os ovos. Junte à farinha, alternando com o leite.

Divida a mistura pelas formas em duas partes iguais e alise delicadamente a superfície com uma espátula. Asse por 20-30 minutos, até um palito espetado no centro do bolo sair limpo. Deixe nas formas uns 5 minutos, para esfriar um pouco. Vire para tirar os bolos e deixe esfriar completamente.

Para fazer o recheio, aqueça o creme de leite em uma panela grande sobre fogo médio até começarem a aparecer bolhas nas laterais. Junte imediatamente o açúcar e o sal, mexendo até dissolver. Tire do fogo. Bata o leite com o amido de milho até formar uma mistura lisa. Acrescente os ovos e volte a bater. Junte pouco a pouco ao creme quente, em um fio contínuo, mexendo constantemente. Mantenha por 5 minutos em fogo baixo, até engrossar. Tire do fogo e acrescente o rum. Deixe esfriar completamente, mexendo de vez em quando para que não se forme uma película na superfície.

Ponha o chocolate, a manteiga e o creme da cobertura em uma panela grande sobre fogo baixo. Deixe até estar tudo derretido e macio. Tire do fogo e misture, batendo o açúcar de confeiteiro e a baunilha. Deixe esfriar, mexendo de vez em quando.

Espalhe o recheio já frio sobre um dos bolos. Ponha o outro em cima. Despeje a cobertura sobre o alto do bolo, deixando um pouco escorrer pelos lados. Para servir, corte em fatias.

Torta de cereja de forma funda

ESTA TORTA É O SÍMBOLO DA SOBREMESA NORTE-AMERICANA. Como a torta de maçã, é encontrada nos pequenos restaurantes de todo o país. A melhor maneira de apreciá-la é com uma grande concha de sorvete de baunilha.

RENDIMENTO: 6-8 PORÇÕES

Massa:

- 125 g de manteiga sem sal, na temperatura ambiente
- 90 g de açúcar, mais um pouco para polvilhar
- 1 ovo grande
- 250 g de farinha de trigo, mais um pouco para polvilhar
- 1-3 colheres (chá) de água gelada (se for necessário)
- 1 ovo médio batido com 1 colher (sopa) de água, para pincelar

Recheio:

- 1 kg de cerejas maduras, sem os caroços
- 100 g de açúcar (ou açúcar de baunilha)
- 3 colheres (sopa) de amido de milho
- 25 g de manteiga em cubinhos

Vamos começar pela massa. Bata a manteiga com o açúcar no processador apenas até misturar. Adicione o ovo e bata por mais 30 segundos. Acrescente a farinha e processe por alguns segundos, somente até formar uma massa homogênea, juntando um pouquinho de água se necessário. Amasse ligeiramente em uma superfície enfarinhada. Abra, dê forma de disco, envolva em filme plástico e ponha por 30 minutos na geladeira.

Divida a massa em duas partes, uma com o dobro do tamanho da outra. Abra a parte maior em uma superfície levemente enfarinhada até a espessura de uma moeda. Forre com ela uma forma funda de 23 cm de diâmetro, tirando o excesso que ultrapassar as bordas. Coloque por mais 30 minutos na geladeira.

Preaqueça o forno a 220 graus. Prepare o recheio: misture as cerejas em uma vasilha com o açúcar e o amido de milho e distribua igualmente na base da torta. Espalhe os pedacinhos de manteiga sobre as cerejas. Pincele as bordas da massa com o ovo misturado com água.

Abra o restante da massa e corte em tiras compridas com 1 cm de largura. Distribua as tiras sobre o topo da torta, formando um xadrez, removendo os pedaços de massa que passarem da borda. Pincele o xadrez com ovo misturado com água e polvilhe um pouquinho de açúcar.

Deixe no forno quente por 10 minutos, baixe para 180 graus e deixe por mais 30-40 minutos, até a massa ficar dourada e o recheio borbulhar.

Deixe a torta esfriar até a temperatura ambiente antes de servir, acompanhada de sorvete de baunilha.

Torta Mississippi **mud**

É UMA TORTA RICA E CHEIA DE CALORIAS, com um recheio grosso de chocolate e uma base de massa de biscoito. Alguns acham que lembra as margens lamacentas do rio Mississippi, e daí vem seu apelido. É uma sobremesa muito popular nos estados do Sul. Tem muitas versões. Prefiro fazer a minha com chocolate de boa qualidade, no lugar do cacau em pó, normalmente usado nas cozinhas das casas dos Estados Unidos.

RENDIMENTO: 8 PORÇÕES

Base:

- 200 g de digestive biscuits (se não encontrar, use biscoitos de maisena)
- 60 g de manteiga levemente salgada, em cubos
- 60 g de chocolate amargo de boa qualidade, picado

Recheio:

- 180 g de chocolate amargo de boa qualidade, picado
- 180 g de manteiga sem sal, em cubinhos
- 4 ovos grandes, levemente batidos
- 90 g de açúcar mascavo escuro
- 90 g de açúcar mascavo claro
- 200 ml de creme de leite bem espesso

Cobertura:

- 100 ml de creme de leite fresco, bem gelado
- 2-3 colheres (sopa) de açúcar de confeiteiro, a gosto
- lascas de chocolate, para enfeitar

Para fazer a base, coloque os biscoitos em uma sacola plástica selada e passe levemente o rolo para esmagá-los por igual. Coloque em uma vasilha grande. Derreta a manteiga e o chocolate juntos em uma travessa resistente ao calor colocada sobre uma panela de água fervente. Mexa até ficar bem liso, tire do fogo, espalhe sobre os biscoitos esmagados e misture para ficar homogêneo.

Ponha a mistura de biscoito em uma forma de 23 cm com a base removível. Com as costas de uma colher, pressione a massa no fundo e nos lados da forma, até tudo ficar bem distribuído. Leve à geladeira para ficar bem firme. Preaqueça o forno a 180 graus.

Para fazer o recheio, derreta a manteiga e o chocolate juntos em uma travessa sobre uma panela com água fervendo e deixe esfriar um pouco. Em outra vasilha, bata os ovos com os dois tipos de açúcar mascavo com uma batedeira portátil, até engrossarem e dobrarem de volume. Misture o creme e, depois, a manteiga e o chocolate derretidos.

Ponha o recheio sobre a base e coloque no forno por 45 minutos, ou até começar a ficar firme. Deixe esfriar totalmente antes de tirar da forma. Se estiver preparando com antecedência, tire da geladeira pelo menos 30 minutos antes de servir, pois o recheio de chocolate endurece quando está frio.

Para a cobertura, bata o creme de leite com o açúcar de confeiteiro até o ponto de chantilly. Espalhe sobre o topo da torta já fria e termine distribuindo lascas de chocolate por cima de tudo. Corte em fatias para servir.

Índice

A
abóbora: ossobuco com abóbora e polenta cremosa 51
abobrinha: abobrinhas grelhadas com presunto (tipo italiano) 34
abobrinha, queijo feta e ervas 134
açafrão: pilafe de açafrão 146
acelga (repolho chinês): acelga refogada com gengibre 171
pasteizinhos chineses 160-163
agrião: salada quente escocesa de salmão defumado e agrião 111
alcachofra: pizza de presunto de Parma e alcachofra temperada 43
alho: camarões no alho 87
torradas de alho 11
alho-poró: torta de peixe com alho-poró e camarões 114
vieiras fritas com vinagrete de alho-poró 14-17
amêndoa: bacalhau com molho romesco 97
bolo de semolina e amêndoas 152
sopa gelada de amêndoas e alho com uvas 84
arroz: arroz-doce com manga, limão e coco 202
arroz frito à cantonesa 174
biryani de cordeiro 218
charutinhos 140-143
paella com frango e linguiça 93
risoto de frutos do mar 45
salmonete frito com pilafe de açafrão e molho tarator 146
asinhas de frango de Buffalo com dip de creme azedo e cebolinha 232
aspargos 122-123
aspargos com molho hollandaise de limão e estragão 123
aspargos cortados com salada de funcho 123
frittata de aspargos, bacon e queijo de cabra 123
soldados de aspargos com ovos cozidos 123
tortinhas de aspargos com salmão defumado 123
atum à provençal 19

B
babagamuche 144
bacalhau: bacalhau com molho romesco 97
brandade sobre torradas de alho 11
bacon: frittata de aspargos, bacon e queijo de cabra 123
banana: bolinhos de banana com sementes de gergelim 200
barriga de porco vermelha 167
batata: bolinhos de espinafre e batata com raita de pepino 213
brandade sobre torradas de alho 11
clam chowder da Nova Inglaterra 230
colcannon 118
confit de coxa de pato com batatas sautée 20
ensopado de merluza basca com batatas 94
salada quente escocesa de salmão defumado e agrião 111
salmonete recheado com batatinhas assadas 46
torta de peixe com alho-poró e camarões 114
tortilla 91
berinjela: babagamuche 144
carne bovina com curry verde perfumado 193
haloumi grelhado com salada de berinjela 62
moussaka 73
bhajis de cebola 212
bife apimentado com creme trufado de cogumelos 241
bifes 240-241
biryani de cordeiro 218
blue cheese burgers 238
bolinhos de banana com sementes de gergelim 200
bolinhos de peixe com pepino picante 182
bolos: bolo de amaretto e chocolate 57
bolo de iogurte turco com calda cítrica 151
bolo de nozes 78
bolo de semolina e amêndoas 152
torta de creme de Boston 247
brandade sobre torradas de alho 11
brócolis chinês com molho de ostra 171

C
caçarola de faisão com verduras e colcannon 118
camarão: arroz frito à cantonesa 174
bolinhos de peixe com pepino picante 182
camarão tandoori 206
camarões no alho 87
Pad Thai com camarões 199
pasteizinhos chineses 160-163
risoto de frutos do mar 45
torta de peixe com alho-poró e camarões 114
caramelo: crema catalana 105
laranjas no caramelo com creme de xerez 100-103
nozes caramelizadas 81
pêssegos caramelizados com vin santo 52
caranguejo: crabcakes de Maryland 229
gumbo de frutos do mar da Louisiana 234

sopa de milho verde e caranguejo 156
carne bovina: bife apimentado com creme trufado de cogumelos 241
bife de fraldinha com molho chimichurri 241
bife grelhado com manteiga de tomate e ervas 241
bifes 240-241
blue cheese burgers 238
bolinhos de carne em molho de tomate 98
carne bovina com curry verde perfumado 193
contrafilé com cerveja e molho acebolado 241
steak tartare clássico 241
carne bovina com curry verde perfumado 193
carne de porco: barriga de porco vermelha 167
costeletas na churrasqueira com coleslaw 242-245
pasteizinhos chineses 160-163
satay de carne de porco com molho de amendoim 189
castanha-de-caju: frango refogado com castanha-de-caju 194
cebola: bhajis de cebola com molho verde picante 212
contrafilé com cerveja e molho acebolado 241
charutinhos de folha de uva 140-143
chocolate: bolo de amaretto e chocolate 57
crepes de chocolate com chantilly 29
torta de creme de Boston 247
torta Mississippi mud 251
chowder: clam chowder da Nova Inglaterra 230
clam chowder da Nova Inglaterra 230
coco: halwa de cenoura e coco 224
coelho: pappardelle com coelho ensopado 48
colcannon 118
coleslaw 243
confit de coxa de pato com batatas sautée 20
cordeiro: biryani de cordeiro 218
costeletas de carneiro galês com salicórnia 117
costeletas de cordeiro com molho avgolemono 75
moussaka 73
navarin de cordeiro com legumes 24
tagine de cordeiro com damasco e couscous de ervas 149
costeletas na churrasqueira com coleslaw 242-245
couscous: tagine de cordeiro com damasco e couscous de ervas 149
cozinha da China 155-179
cozinha da Espanha 83-105
cozinha da França 9-31
cozinha da Grã-Bretanha 107-131
cozinha da Grécia 59-81
cozinha da Índia 205-225
cozinha da Itália 33-57
cozinha da Tailândia 181-203
cozinha do Oriente Médio 133-153
cozinha dos Estados Unidos 227-251
crema catalana 105
creme: crema catalana 105
torta de creme de Boston 247
creme chantilly: crepes de chocolate com chantilly 29
crepes de chocolate com chantilly 29
crocantes de massa wonton e gergelim com sorvete de gergelim 179
curry: carne bovina com curry verde perfumado 193
frango Madras 217
pasta tailandesa de curry vermelho 186
samosas de grão-de-bico ao curry 208-211
custard: fool de ruibarbo 128-131

D
damasco: tagine de cordeiro com damasco e couscous de ervas 149
dhal 221
dips: babagamuche 144
dip de creme azedo e cebolinha 232
molho para pasteizinhos chineses 162

E
ensopado de merluza basca com batatas 94
espinafre: bolinhos de espinafre e batata com raita de pepino 213
pãezinhos de massa filo com espinafre e queijo feta 137
raviólis de espinafre, ricota e pinoli com manteiga de sálvia 40
spanakopita 76
espinafre chinês refogado 171

F
falafel com molho de tahine 138
favas com presunto ibérico 88
feijão: sopa de feijão branco com legumes 64
figos assados no marsala com zabaglione 55
folha de uva: charutinhos 140-143
fool de ruibarbo 128-131
frango: asinhas de frango de Buffalo com dip de creme azedo e cebolinha 232
frango em sopa de coco picante 184
frango Madras 217
frango refogado com castanha-de-caju 194
paella com frango e linguiça 93
pot pie de frango 237
frittata de aspargos, bacon e queijo de cabra 123
funcho: aspargos cortados com salada de funcho 123

G
galinha-d'angola assada na cidra com maçãs caramelizadas 23
gammon com purê de ervilhas e molho de salsa 121
gergelim: bolinhos de banana com sementes de gergelim 200

crocantes de massa wonton e gergelim com sorvete de gergelim 179
grão-de-bico: falafel com molho de tahine 138
samosas de grão-de-bico ao curry 208-211
gumbo de frutos do mar da Louisiana 234

H
haddock defumado: torta de peixe com alho-poró e camarões 114
halwa de cenoura e coco 224
hambúrgueres: blue cheese burgers 238
hollandaise de limão e estragão 123

I
iogurte: bolo de iogurte turco com calda cítrica 151
camarão tandoori 206
melancia frita com iogurte e nozes caramelizadas 81
molho de tahine 138
raita de pepino 213
tzatziki 68

K
kulfi de canela 222

L
laranja: bolo de iogurte turco com calda cítrica 151
laranjas no caramelo com creme de xerez 100-103
leite de coco: arroz-doce com manga, limão e coco 202
frango em sopa de coco picante 184
lentilha: dhal 221
limão: bolo de iogurte turco com calda cítrica 151
hollandaise de limão e estragão 123
molho avgolemono 75
suflê de limão 26
linguiça chorizo: gumbo de frutos do mar da Louisiana 234
paella com frango e linguiça 93
lula: lula crocante com sal e pimenta e salada de pepino 159
lula recheada com tomate e arroz com ervas 70

M
maçã: galinha-d'angola assada na cidra com maçãs caramelizadas 23
macarrão: Pad Thai com camarões 199
manteiga de tomate e ervas 241
massa doce para tortas 30
massas: pappardelle com coelho ensopado 48
ravióli 38-39
raviólis de espinafre, ricota e pinoli com manteiga de sálvia 40
melancia frita com iogurte e nozes caramelizadas 81
merluza basca: ensopado de merluza basca com batatas 94
milho verde: sopa de milho verde e caranguejo 156
molho acebolado com cerveja 241
molho avgolemono 75
molho chimichurri, bife de fraldinha com 241
molho de ameixas 168
molho de amendoim tailandês 189
molho de pimenta, tamarindo e limão 191
molho de salsa 121
molho de soja preta com vagens e cogumelos 173
molho de tahine 138
molho de tomate 42
molho hollandaise de limão e estragão 123
molho para pasteizinhos chineses 162
molho romesco 97
molho tarator 146
molho verde picante 212
morango: shortbreads recheados com morangos 126
moussaka 73

N
nozes: bolo de nozes 78
nozes caramelizadas 81

O
ossobuco com abóbora e polenta cremosa 51
ostras: gumbo de frutos do mar da Louisiana 234
ovas de bacalhau: taramasalata com pão pita feito em casa 61
ovos: frittata de aspargos, bacon e queijo de cabra 123
ovo com cogumelos silvestres ao forno 112
soldados de aspargos com ovos cozidos 123
tortilla 91

P
Pad Thai com camarões 199
paella com frango e linguiça 93
pak choi: pak choi 171
verdura chinesa temperada 171
pão: pita 61
pappardelle com coelho ensopado 48
pargo cozido no vapor com gengibre e cebolinhas 164
pasta tailandesa de curry vermelho 186
pasteizinhos chineses 160-163
pato: confit de coxa de pato com batatas sautée 20
pato assado às cinco especiarias com molho de ameixas 168
pepino: pepino picante 182
raita de pepino 213
salada de pepino 159
tzatziki 68
pêssegos caramelizados com vin santo 52
pilafe de açafrão 146
pimenta: barriga de porco vermelha 167
carne bovina com curry verde perfumado 193
dhal 221
pasta tailandesa de curry vermelho 186

vermelho com molho de pimenta, tamarindo e limão 191
pimentão: atum à provençal 19
minipizzas de salame e pimentão 43
paella com frango e linguiça 93
pinoles: charutinhos 140-143
molho tarator 146
pita 61
pizza 42-43
minipizzas de salame e pimentão 43
pizza bianca de quatro queijos 43
pizza de presunto de Parma e alcachofra temperada 43
pizza de tomate assado e cogumelos 43
pizza Margherita 43
polenta: cogumelos silvestres sobre polenta grelhada com pecorino 37
ossobuco com abóbora e polenta cremosa 51
presunto: favas com presunto ibérico 88
pizza de presunto de Parma e alcachofra temperada 43
presunto tipo italiano: abobrinhas grelhadas com presunto (tipo italiano) 34
purê de ervilhas 121

Q

queijo: abobrinha, queijo feta e ervas 134
blue cheese burgers 238
frittata de aspargos, bacon e queijo de cabra 123
haloumi grelhado com salada de berinjela 62
moussaka 73
pizza bianca de quatro queijos 43
pizza Margherita 43
raviólis de espinafre, ricota e pinoli com manteiga de sálvia 40
rolinhos de massa filo com espinafre e queijo feta 137
sopa de aipo e queijo stilton com torradas de stilton 108
spanakopita 76

R

raita de pepino 213
ravióli 38-39
raviólis de espinafre, ricota e pinoli 40
repolho: colcannon 118
coleslaw 243
risoto de frutos do mar 45
rolinhos de massa filo com espinafre e queijo feta 137
ruibarbo, fool 128-131

S

salada de frutas com calda de anis-estrelado 176
saladas: aspargos cortados com salada de funcho 123
coleslaw 243
haloumi grelhado com salada de berinjela 62
salada de pepino 159
salada quente escocesa de salmão defumado e agrião 111
tabule 145
salame: minipizzas de salame e pimentão 43
salmão defumado: salada quente escocesa de salmão defumado e agrião 111
tortinhas de aspargos com salmão defumado 123
salmonete frito com pilafe de açafrão e molho tarator 146
salmonete recheado com batatinhas assadas 46
salsa: molho de salsa 121
tabule 145
samosas de grão-de-bico ao curry 208-211
sardinhas na brasa com tzatziki 66-60
semolina: bolo de semolina e amêndoas 152
shortbreads recheados com morangos 126
sopas: clam chowder da Nova Inglaterra 230
frango em sopa de coco picante 184
sopa de aipo e queijo stilton 108
sopa de feijão branco com legumes 64
sopa de milho verde e caranguejo 156
sopa gelada de amêndoas e alho 84
sorvete: kulfi de canela 222
sorvete de gergelim 179
spanakopita 76
sponge pudding com geleia no vapor 124
steak tartare 241
suflê de limão 26

T

tabule 145
tagine de cordeiro com damasco e couscous de ervas 149
tahine: falafel com molho de tahine 138
molho tarator 146
taramasalata com pão pita feito em casa 61
tilápia assada à moda de Kerala 215
tomate: atum à provençal 19
bolinhos de carne em molho de tomate 98
frango Madras 217
lula recheada com tomate e arroz com ervas 70
molho de tomate 42
moussaka 73
pizza de tomate assado e cogumelos 43
tilápia assada à moda de Kerala 215
torradas de alho 11
torradas de stilton 108
torta de cereja de forma funda 248
torta de creme de Boston 247
torta de framboesa 30
torta Mississippi mud 251
torta salgada: pot pie de frango 237

spanakopita 76
torta de peixe com alho-poró e camarões 114
tortinhas de aspargos com salmão defumado 123
tortilla 91
trigo para quibe: tabule 145
tzatziki 68

V
vagens e cogumelos em molho de soja preta 173
verduras: caçarola de faisão com verduras e colcannon 118
navarin de cordeiro com legumes 24
sopa de feijão branco com legumes 64
verduras chinesas 170-171
verduras refogadas picantes 196
ver também abobrinha, pimentão etc.
vermelho com molho de pimenta, tamarindo e limão 191
vieiras fritas 14-17
vin santo: pêssegos caramelizados com vin santo 52
vinagrete de alho-poró 17
vitela: ossobuco com abóbora e polenta cremosa 51

Z
zabaglione: figos assados no marsala com zabaglione 55

Revisão técnica: **Denise Chinetti**
Copidesque: **Masé Sant'Anna**
Revisão: **Guilherme Bernardo e Maria Clara A. Jeronimo**
Diagramação: **DTPhoenix Editorial**
Produção editorial: **Cristiane Marinho**

Texto estabelecido segundo o Acordo Ortográfico da Língua Portuguesa de 1990, em vigor no Brasil desde 2009.

Edioura Publicações Ltda.
Rua Nova Jerusalém, 345 — Bonsucesso
Rio de Janeiro — RJ
CEP: 21042-235
Tel.: (21) 3882-8200
Fax: (21) 3882-8212/8213
www.ediouro.com.br

Título original: *Gordon Ramsay's World Kitchen*

CIP-BRASIL. CATALOGAÇÃO NA FONTE
SINDICATO NACIONAL DOS EDITORES DE LIVROS, RJ

R15m Ramsay, Gordon
O mundo na cozinha de Gordon Ramsay: uma viagem gastronômica pelas mais saborosas receitas de 10 regiões do planeta/Gordon Ramsay; [tradução de Mario Leite Fernades]. — Rio de Janeiro: Ediouro, 2010.
il.

Tradução de: World kitchen
ISBN 978-85-00-02655-3

1. Culinária internacional. I. Título.

10-2594 CDD: 641.59
CDU: 641.568